HONG KONG GUIDE DE VOYAGE 2024

Explorez le sentier Dragon's Back, le port de Victoria, le pic Victoria et bien plus encore avec des cuisines hors des sentiers battus et des phrases locales de base

EDITH W. LORENZ

Aperçu

Située dans un décor de gratte-ciel imposants et nichée dans l'étreinte du port Victoria, Hong Kong est une fusion captivante de l'Orient et de l'Occident, où la tradition danse harmonieusement avec la modernité. Une symphonie de lumières éblouissantes illumine l'horizon, mettant en valeur l'énergie incessante et l'innovation incessante de la ville. La ligne d'horizon emblématique, ponctuée de merveilles architecturales, reflète l'esprit dynamique de Hong Kong, ce qui témoigne de son statut de centre financier mondial.

Au-delà du spectacle urbain, le cœur de la ville bat d'un riche tissage culturel. Les temples anciens murmurent des histoires des siècles passés, tandis que les marchés animés engagent les sens avec une myriade de couleurs, d'arômes et de saveurs. La scène culinaire de Hong Kong est une aventure gastronomique, des délicieux dim sum aux délices étoilés Michelin, satisfaisant tous les palais.

Pourtant, au milieu de ce chaos vibrant, des poches de tranquillité émergent. Des collines verdoyantes et des îles sereines offrent une évasion de l'agitation urbaine, invitant à l'exploration et à la contemplation. Hong Kong, un lieu où l'innovation converge avec la tradition, où les coutumes anciennes coexistent avec les tendances avant-gardistes, captive l'âme et laisse une marque indélébile sur tous ceux qui ont la chance de vivre sa magie unique.

Chapitre 1

Attractions

Meilleures attractions

Victoria Peak : Victoria Peak, également connu sous le nom de « The Peak », est le joyau de la ligne d'horizon de Hong Kong, offrant des vues panoramiques à couper le souffle. Culminant à 552 mètres d'altitude, les visiteurs peuvent atteindre le sommet par le tramway historique Peak ou opter pour des sentiers de randonnée pittoresques. Une fois au sommet, une plate-forme d'observation offre un point de vue inégalé, mettant en valeur les gratte-ciel scintillants de la ville, le port de Victoria et les îles environnantes. Particulièrement enchanteresse au coucher du soleil et après la tombée de la nuit, la ligne d'horizon se transforme en une mer de lumières envoûtante. Le Peak n'est pas seulement un spectacle visuel, il abrite également des restaurants et des boutiques, dont l'emblématique Peak Tower. De jour comme de nuit, le pic Victoria est un symbole emblématique de Hong Kong, offrant une perspective inoubliable sur l'énergie vibrante et l'allure cosmopolite de la ville.

Port de Victoria : Le port de Victoria, un joyau aquatique éblouissant embrassé par la ligne d'horizon emblématique de Hong Kong, témoigne de la grandeur maritime de la ville. Situé entre l'île de Hong Kong et la péninsule de Kowloon, ce port naturel est réputé pour ses vues spectaculaires et ses activités maritimes. Une symphonie de ferries, de jonques traditionnelles et de navires modernes traverse ses eaux avec en toile de fond d'imposants gratte-ciel. La Symphonie des Lumières, un spectacle multimédia nocturne, illumine le port, le transformant en un spectacle radieux de couleurs et de musique synchronisée. La promenade Tsim Sha Tsui et le front de mer central offrent des points de vue parfaits pour admirer le charme du port. Le Star Ferry, symbole immuable de Hong Kong, transporte les passagers sur ses eaux, offrant un voyage nostalgique avec des vues inégalées. Le port de Victoria n'est pas seulement une voie navigable ; c'est le cœur palpitant d'une métropole dynamique, incarnant la fusion de la beauté naturelle et de la sophistication urbaine qui définit l'attrait de Hong Kong.

Promenade Tsim Sha Tsui : La promenade Tsim Sha Tsui, un tronçon captivant du front de mer de Kowloon, est une tapisserie vibrante de vie urbaine et de beauté pittoresque. Le long de cette promenade emblématique, les visiteurs ont droit à des vues panoramiques sur la ligne d'horizon de renommée mondiale de Hong Kong et le majestueux port Victoria. L'Avenue des étoiles, qui rend hommage à l'héritage cinématographique de la ville, borde la promenade avec des empreintes de mains de célébrités, des statues et des expositions fascinantes.

Se promener le long de la promenade Tsim Sha Tsui dévoile une expérience sensorielle, des spectacles de rue vibrants au flux rythmé des ferries et des jonques naviguant dans le port. Au coucher du soleil, le paysage urbain se transforme en un spectacle de lumières éblouissant, complété par la Symphonie des lumières, un spectacle multimédia nocturne illuminant les gratte-ciel.

La promenade est également une porte d'entrée vers des attractions culturelles telles que le Centre culturel de Hong Kong et le Musée de l'espace de Hong Kong. Offrant un mélange parfait de loisirs et d'enrichissement culturel, la promenade Tsim Sha Tsui témoigne de la capacité de Hong Kong à fusionner harmonieusement la modernité et la beauté naturelle le long de son front de mer enchanteur.

L'île de Lantau : L'île de Lantau, la plus grande île périphérique de Hong Kong, est un havre de beauté naturelle et de trésors culturels. Accessible par ferry ou par le pittoresque téléphérique Ngong Ping 360, Lantau déploie un paysage de verdure luxuriante, de plages immaculées et de villages de pêcheurs traditionnels. En son cœur se trouve Ngong Ping, qui abrite le célèbre Bouddha Tian Tan, une majestueuse statue de bronze de 34 mètres de haut qui contemple sereinement le paysage. Les visiteurs peuvent gravir les 268 marches jusqu'à la plate-forme, en profitant d'une vue panoramique sur la mer de Chine méridionale.

Lantau n'est pas seulement un sanctuaire spirituel, mais aussi un paradis pour les amateurs de plein air. Le monastère de Po Lin, une retraite spirituelle, enrichit encore la tapisserie culturelle de Lantau.

Star Ferry : Le Star Ferry, emblème durable du patrimoine maritime de Hong Kong, transcende son rôle de simple moyen de transport, devenant une expérience culturelle appréciée. Depuis son inauguration en 1888, le traversier sillonne gracieusement les eaux du port de Victoria, reliant l'île de Hong Kong à la péninsule de Kowloon. Un voyage court mais enchanteur, le Star Ferry offre une vue imprenable sur la ligne d'horizon envoûtante de la ville, créant une impression indélébile sur les passagers.

La flotte de ferries verts et blancs emblématiques, avec leur design distinctif, offre un lien nostalgique avec le passé de Hong Kong. Le voyage se déroule avec en toile de fond les gratte-ciel de la ville, créant une symphonie de lumières la nuit. En tant que l'un des moyens les plus abordables et les plus pittoresques de traverser le port, le Star Ferry est un must pour les habitants et les visiteurs, favorisant un sentiment de connexion avec les racines maritimes de la ville et offrant une perspective intemporelle sur le paysage urbain en constante évolution de Hong Kong.

L'île de Lamma : L'île de Lamma, une évasion tranquille de l'agitation urbaine de Hong Kong, est une oasis de sérénité mêlant le charme d'un village de pêcheurs traditionnel à la beauté naturelle. Accessible par un ferry panoramique, l'île accueille les visiteurs avec son ambiance décontractée, ses plages immaculées et ses paysages verdoyants. L'absence de voitures ajoute à l'attrait paisible, et l'exploration se fait principalement à pied ou à vélo.

Les principaux villages, Yung Shue Wan et Sok Kwu Wan, offrent une délicieuse fusion de restaurants de fruits de mer, de boutiques artisanales et de résidences colorées. Les sentiers de randonnée de Lamma, comme le Family Trail et le Lamma Island Family Walk, mènent à travers des collines luxuriantes à des points de vue panoramiques, mettant en valeur la flore et la faune diversifiées de l'île.

L'île est également réputée pour son festival annuel de bateaux-dragons Lamma, une célébration animée des courses de bateaux traditionnelles et de la culture locale. Avec son rythme tranquille et son cadre idyllique, l'île de Lamma invite les visiteurs à savourer un côté plus lent et plus contemplatif de Hong Kong, ce qui en fait une retraite précieuse pour les amoureux de la nature et ceux qui recherchent un répit de la clameur urbaine.

Dragon's Back Trail : Dragon's Back Trail, considéré comme l'un des itinéraires de randonnée les plus pittoresques de Hong Kong, se déroule comme un voyage mythique à travers des crêtes vallonnées et des paysages luxuriants. Accessible depuis le côté est de l'île de Hong Kong, le sentier offre une évasion revigorante de l'étalement urbain.

Nommé d'après ses sommets sinueux ressemblant à l'épine dorsale d'un dragon, le sentier offre des vues à couper le souffle sur Shek O, Tai Long Wan et la mer de Chine méridionale. Le trek commence par une ascension progressive à travers des forêts ombragées, menant à des points de vue panoramiques qui mettent en valeur la ligne d'horizon de la ville juxtaposée à la beauté côtière.

Le terrain peu exigeant, balisé par des sentiers bien entretenus, rend Dragon's Back adapté aux randonneurs de différents niveaux. Alors que le sentier serpente le long de la crête, une brise fraîche et un sentiment de sérénité prévalent. Le voyage culmine à Big Wave Bay, où le sable doré et les eaux azur invitent à une baignade rafraîchissante après la randonnée.

Le Dragon's Back Trail allie harmonieusement splendeur naturelle et accessibilité, offrant une expérience de randonnée inoubliable qui invite les habitants et les visiteurs à savourer la topographie à couper le souffle de Hong Kong.

Ocean Park : Ocean Park, situé sur la côte sud de l'île de Hong Kong, est un parc à thème de premier plan qui allie harmonieusement divertissement, éducation et conservation. S'étendant sur des paysages luxuriants, le parc est divisé en deux zones principales - le front de mer et le sommet - reliées par un téléphérique pittoresque ou un funiculaire connu sous le nom d'Ocean Express.

La zone Waterfront abrite des attractions telles qu'Aqua City et le Grand Aquarium, où les visiteurs peuvent s'émerveiller devant la diversité de la vie marine. Pendant ce temps, le sommet abrite des manèges palpitants tels que les montagnes russes Hair Raiser et l'emblématique Ocean Park Tower offrant des vues panoramiques.

Au-delà des manèges qui font monter l'adrénaline, Ocean Park met l'accent sur la sensibilisation et la conservation de l'environnement par le biais d'expositions interactives et de rencontres avec des animaux. L'engagement du parc en faveur de la conservation marine est incarné par ses pandas géants résidents, hébergés dans la zone d'aventure du panda géant.

L'attrait d'Ocean Park s'étend au-delà des amateurs de sensations fortes, s'adressant aux familles, aux passionnés de la faune et à ceux qui recherchent un mélange captivant de divertissement et d'éducation dans le contexte de la beauté naturelle de Hong Kong.

Ngong Ping 360 : Ngong Ping 360, une aventure scénique aérienne sur l'île de Lantau, invite les visiteurs à embarquer pour un voyage qui transcende l'ordinaire. L'expérience commence par un trajet en téléphérique, offrant une vue panoramique sur le paysage luxuriant, la mer de Chine méridionale et l'emblématique Bouddha Tian Tan. Le voyage couvre 5,7 kilomètres, culminant dans le village de Ngong Ping, riche en culture.

À leur arrivée, les visiteurs sont plongés dans un monde d'exploration spirituelle et culturelle. Le majestueux Bouddha Tian Tan, perché au sommet d'une colline, captive par sa présence sereine, tandis que le monastère de Po Lin respire la tranquillité. Ngong Ping 360 intègre de manière transparente la technologie moderne au charme traditionnel, offrant un festin sensoriel aux voyageurs.

L'expérience immersive s'étend jusqu'au Chemin de la Sagesse, un sentier tranquille bordé de colonnes en bois sur lesquelles sont inscrits des écritures bouddhistes. L'expérience Ngong Ping 360 est un mélange harmonieux de beauté naturelle, de richesse culturelle et de transport innovant, ce qui en fait un élément essentiel de toute exploration de l'île de Lantau.

Temple Wong Tai Sin : Le temple Wong Tai Sin, un sanctuaire taoïste vénéré situé à Kowloon, témoigne de l'héritage spirituel de Hong Kong. Dédié à la divinité Wong Tai Sin, le temple est un mélange harmonieux d'architecture traditionnelle chinoise et de couleurs vives, créant une oasis de sérénité au milieu de l'agitation urbaine. Les fidèles et les visiteurs sont attirés par le temple Wong Tai Sin pour son aura divine et la conviction que les prières y ont un impact profond.

La salle principale, ornée de sculptures complexes et de décorations ornées, abrite la statue divine de Wong Tai Sin. Le complexe du temple s'étend à de beaux jardins, des chapelles dédiées à différentes divinités et la salle des Trois Saints. Les services de divination, une caractéristique unique du temple, offrent un aperçu de son destin.

Le temple Wong Tai Sin n'est pas seulement un site religieux ; il incarne une expérience culturelle, accueillant des festivals comme la célébration de l'anniversaire de Wong Tai Sin, où l'air est rempli d'encens, de chants et d'un sens palpable de la spiritualité. Il reste un havre de paix précieux pour les chercheurs de réconfort et les croyants dans l'interconnexion des royaumes spirituel et terrestre.

Marché Stanley : Le marché Stanley, situé sur la côte sud de l'île de Hong Kong, est un marché animé qui attire par son éventail dynamique de boutiques et d'étals. Célèbre pour son ambiance détendue et ses offres variées, le marché est un trésor d'art, d'artisanat, de vêtements et de souvenirs. Les visiteurs peuvent explorer des ruelles étroites bordées d'étals vendant de tout, des antiquités chinoises aux vêtements en soie, en passant par les œuvres d'art contemporain et les bibelots.

L'emplacement du marché en bord de mer ajoute à son attrait, offrant une toile de fond pittoresque pour faire du shopping. La promenade Stanley à proximité offre une vue imprenable sur l'océan, créant un cadre idéal pour une promenade après le shopping.

Au-delà du shopping, Stanley Market propose un mélange éclectique d'options de restauration, allant des salons de thé traditionnels à la cuisine internationale. La fusion de la culture, de l'art et du commerce du marché crée une atmosphère unique, ce qui en fait une destination de prédilection pour les habitants et les touristes à la recherche d'une expérience de shopping détendue au cœur du charme côtier de Hong Kong.

Village de pêcheurs de Sai Kung : Situé le long de la côte pittoresque de Sai Kung, le village de pêcheurs témoigne du patrimoine maritime de Hong Kong. Le village de pêcheurs de Sai Kung, une évasion tranquille de l'agitation urbaine, respire le charme traditionnel avec ses marchés de fruits de mer animés, ses maisons sur pilotis et son port animé.

Le village est une porte d'entrée vers le magnifique parc national de Sai Kung, connu pour ses eaux émeraude et ses paysages vierges. Les visiteurs peuvent embarquer pour des excursions en bateau pour explorer les îles environnantes, les plages isolées et les formations fascinantes du géoparc.

Les amateurs de fruits de mer vont se régaler sur les marchés de fruits de mer animés, où des étalages colorés de prises fraîches tentent le palais. Les restaurants de fruits de mer au bord de l'eau offrent une expérience culinaire unique avec en toile de fond les bateaux qui flottent et la brise marine.

Au-delà de son attrait maritime, le village de Sai Kung est une plaque tournante pour les amateurs de plein air, offrant des sentiers de randonnée, des points de vue panoramiques et des activités nautiques. Le village incarne un mélange harmonieux de patrimoine culturel et de beauté naturelle, ce qui en fait une destination incontournable pour ceux qui recherchent une expérience authentique et idyllique à Hong Kong.

Parc de la ville fortifiée de Kowloon : Le parc de la ville fortifiée de Kowloon, situé au milieu de l'étalement urbain de Kowloon, est un témoignage serein de l'histoire et de la tranquillité. Autrefois un village densément peuplé et non gouverné, le site a été transformé en un parc magnifiquement aménagé, préservant les vestiges de son passé historique.

L'importance historique du parc se reflète dans ses anciens murs de pierre, son architecture traditionnelle chinoise complexe et la porte sud, qui reste comme une porte d'entrée vers une époque révolue. En se promenant dans les jardins luxuriants et les étangs de lotus tranquilles, les visiteurs peuvent explorer des structures méticuleusement restaurées telles que la porte sud et les vestiges du mur sud de l'ancienne ville fortifiée.

Le parc de la ville fortifiée de Kowloon fusionne parfaitement la nature et l'histoire, offrant une retraite paisible loin de l'agitation de la ville. L'architecture, les pavillons et les expositions culturelles du parc mettent en valeur le riche patrimoine de Kowloon, invitant les habitants et les visiteurs à réfléchir au passage du temps et à la transformation d'une enclave autrefois chaotique en un havre harmonieux de préservation culturelle.

Plage de Shek O : La plage de Shek O est un havre de paix ensoleillé, célèbre pour son sable doré, ses eaux azur et son atmosphère côtière vibrante. Entourée de collines verdoyantes, la plage offre une évasion pittoresque de l'agitation urbaine.

Shek O est réputé non seulement pour ses rives immaculées, mais aussi pour son ambiance décontractée et ses sports nautiques. Les surfeurs surfent sur les vagues, tandis que les amateurs de plage se prélassent au soleil ou profitent de pique-en bord de mer. Les diverses options de restauration de la plage, des étals de fruits de mer locaux aux cafés en bord de mer, ajoutent à son attrait.

Une promenade côtière pittoresque emmène les visiteurs à Dragon's Back, offrant une vue panoramique sur le littoral. Shek O Village, avec son architecture traditionnelle et son charme pittoresque, complète l'expérience de la plage.

Que vous soyez à la recherche d'aventure, de détente ou d'un avant-goût de la culture côtière, Shek O Beach est une destination par excellence, invitant les habitants et les touristes à savourer le soleil, la mer et une touche de charme côtier bohème sur les rives de Hong Kong.

Hippodrome de Happy Valley : L'hippodrome de Happy Valley est un centre animé pour les amateurs de courses de chevaux et une icône culturelle au cœur de la métropole. Créé en 1846, l'hippodrome est devenu l'un des sites de course les plus emblématiques au monde, avec en toile de fond d'imposants gratte-ciel ajoutant à son charme unique.

Tous les mercredis soirs pendant la saison des courses, le site se transforme en un spectacle vibrant, attirant des foules désireuses de vivre l'excitation des courses de pur-sang. L'atmosphère électrisante, rehaussée par les acclamations des spectateurs, est complétée par un éventail d'options de restauration, allant des plats décontractés aux restaurants haut de gamme.

L'hippodrome de Happy Valley n'est pas seulement une plaque tournante des courses de chevaux, mais aussi un phénomène culturel, résumant la passion de la ville pour le sport et le divertissement. Que l'on soit un parieur chevronné ou un observateur occasionnel, l'hippodrome offre un mélange inoubliable de ferveur sportive, d'énergie urbaine et de frissons du gazon au cœur de Hong Kong.

Lion Rock : Lion Rock, un pic de granit emblématique qui s'élève majestueusement au-dessus de Kowloon et des Nouveaux Territoires de Hong Kong, n'est pas seulement une merveille géologique, mais un symbole de résilience et d'unité. Nommée ainsi en raison de sa ressemblance avec un lion accroupi, la montagne se trouve au carrefour du développement urbain et de la beauté naturelle.

L'ascension du Rocher du Lion est un sentier de randonnée populaire, récompensant les aventuriers avec des vues panoramiques sur le paysage urbain et les paysages environnants. Le sommet, marqué par une formation rocheuse distinctive en forme de lion, est devenu un point de ralliement pour les habitants, symbolisant la force, la détermination et la solidarité pendant les périodes difficiles de l'histoire de Hong Kong.

Le Rocher du Lion transcende sa signification géologique, servant de phare métaphorique d'espoir et d'esprit communautaire. Sa proéminence est renforcée le soir lorsque les lumières de la ville illuminent sa silhouette, favorisant un sentiment de connexion entre la nature et la vie urbaine. Le rocher du Lion témoigne de l'esprit inébranlable de Hong Kong, invitant à la fois les randonneurs et les observateurs contemplatifs à être témoins de son héritage durable depuis différents points de vue à travers la ville.

Repulse Bay : Située sur la côte sud de l'île de Hong Kong, Repulse Bay est un mélange captivant de beauté naturelle et de vie côtière raffinée. Son sable doré en forme de croissant sur fond de collines verdoyantes crée un cadre pittoresque, ce qui en fait une destination privilégiée pour les habitants et les visiteurs en quête de répit de la clameur urbaine.

Au-delà de son allure pittoresque, Repulse Bay offre un mélange d'équipements haut de gamme, notamment des résidences haut de gamme, des restaurants au bord de l'eau et des boutiques de créateurs. La plage, avec ses eaux claires, attire les amateurs de bronzage et de sports nautiques, tandis que le sanctuaire Kwun Yam à proximité ajoute une touche de richesse culturelle.

La pittoresque promenade de Repulse Bay, bordée de statues représentant des scènes de la mythologie chinoise, mène à l'arcade de Repulse Bay de style colonial, mêlant tradition et élégance contemporaine. La plage de South Bay et la baie d'eau profonde renforcent encore l'attrait côtier, créant une triade côtière qui incarne le charme et la sophistication de la côte sud de Hong Kong. Repulse Bay est un havre de paix où la beauté naturelle converge avec le luxe, offrant une retraite délicieuse le long de la côte pittoresque de Hong Kong.

Village de pêcheurs d'Aberdeen : Le village de pêcheurs d'Aberdeen, niché sur la rive sud de l'île de Hong Kong, est une enclave captivante qui résume le patrimoine maritime et le charme traditionnel de la ville. Juxtaposition de jonques traditionnelles et de gratte-ciel modernes, Aberdeen dégage un mélange captivant d'ancien et de nouveau.

Les restaurants de fruits de mer flottants emblématiques du village, où les convives dégustent des prises fraîches sur des plates-formes flottantes, mettent en valeur l'attrait intemporel des traditions culinaires de Hong Kong. Les sampans traditionnels, autrefois essentiels pour la pêche, proposent aujourd'hui des visites tranquilles autour du port, offrant une perspective unique sur la vie maritime d'Aberdeen.

Le temple Tin Hau, dédié à la déesse de la mer, ajoute une touche de spiritualité au village, tandis que la promenade animée d'Aberdeen invite aux promenades le long du front de mer. Les courses annuelles de bateaux-dragons d'Aberdeen animent davantage le port, attirant les habitants et les visiteurs pour assister à ce spectacle exaltant.

Le village de pêcheurs d'Aberdeen témoigne de la capacité de Hong Kong à préserver ses racines maritimes au sein d'un paysage urbain dynamique, invitant tous ceux qui le visitent à embarquer pour un voyage sensoriel à travers les traditions maritimes et la richesse culturelle de la ville.

Musées et galeries

Le paysage culturel de Hong Kong est riche et diversifié, et ses musées et galeries jouent un rôle central dans la préservation de l'histoire de la ville, la mise en valeur de l'art contemporain et la promotion d'une meilleure compréhension de son patrimoine culturel. Qu'il s'agisse d'institutions de classe mondiale ou d'espaces artistiques indépendants, Hong Kong offre une gamme dynamique de lieux qui répondent à un large éventail d'intérêts. Voici quelques-uns des musées et galeries de Hong Kong :

1. Musée d'histoire de Hong Kong :

Situé à Tsim Sha Tsui, le musée d'histoire de Hong Kong est une institution complète qui retrace l'évolution de la ville depuis l'Antiquité jusqu'à nos jours. Les expositions couvrent un large éventail de sujets, notamment l'archéologie, l'ethnographie et l'histoire sociale et politique de Hong Kong. Les expositions immersives et les présentations multimédias du musée offrent aux visiteurs un voyage captivant à travers le passé de la ville.

2. Musée d'art de Hong Kong :

Situé le long du front de mer du port Victoria à Tsim Sha Tsui, le musée d'art de Hong Kong est un phare pour les amateurs d'art. Réputé pour sa vaste collection d'art chinois et hongkongais, le musée présente également des chefs-d'œuvre internationaux et des œuvres contemporaines. Le musée, récemment rénové, dispose d'espaces d'exposition ultramodernes, ce qui en fait un centre d'échange culturel et d'appréciation artistique.

3. Tai Kwun - Centre du patrimoine et des arts :

Niché au cœur de Central, Tai Kwun est un complexe culturel qui mêle harmonieusement la conservation du patrimoine à l'art contemporain. Situé dans l'enceinte historique du poste de police central, Tai Kwun dispose d'espaces d'exposition, de salles de spectacle et de zones de narration du patrimoine. Il sert de plate-forme pour les artistes locaux et internationaux, favorisant un dialogue dynamique entre le passé et le présent.

4. Musée du patrimoine de Hong Kong :

Situé à Sha Tin, le musée du patrimoine de Hong Kong se consacre à la préservation et à la promotion du riche patrimoine culturel de la région. Le musée présente un large éventail d'expositions, notamment d'art, d'histoire et de culture populaire. Ses expositions interactives et thématiques en font une destination familiale, offrant une expérience attrayante aux visiteurs de tous âges.

5. Musée des sciences de Hong Kong :

Pour ceux qui sont fascinés par la science et la technologie, le musée des sciences de Hong Kong à Tsim Sha Tsui est un trésor d'expositions interactives et d'expositions éducatives. Le musée couvre un large éventail de disciplines scientifiques, ce qui en fait une destination idéale pour les familles, les étudiants et les esprits curieux désireux d'explorer les merveilles du monde naturel.

6. Espace 1a :

1a space est une organisation d'art visuel contemporain à but non lucratif qui est un acteur clé de la scène artistique indépendante de Hong Kong depuis sa création en 1998. Il offre une plateforme aux artistes émergents, favorisant les pratiques expérimentales et innovantes. En s'engageant à soutenir les talents locaux, 1a space contribue au dynamisme de l'écosystème artistique de la ville.

7. Centre de l'Asia Society Hong Kong :

Niché dans l'Amirauté, l'Asia Society Hong Kong Center combine l'art, la culture et l'éducation dans un cadre paisible. Le centre accueille une gamme de programmes, notamment des expositions d'art, des performances et des discussions, en mettant l'accent sur la promotion de la compréhension et du dialogue interculturels. Le magnifique site patrimonial dispose également d'un jardin luxuriant, offrant une retraite sereine au cœur de la ville.

8. Espace d'art de rue à l'huile :

Situé à North Point, Oil Street Art Space est un lieu d'art contemporain qui présente des œuvres expérimentales et interdisciplinaires. Il sert de plate-forme pour les artistes locaux et internationaux, offrant un espace pour l'exploration de nouvelles idées et expressions artistiques. Avec son engagement à favoriser une communauté artistique dynamique et ouverte, Oil Street Art Space contribue au paysage culturel avant-gardiste de la ville.

9. Pour le site Web :

Para Site est un espace d'art contemporain de premier plan à Hong Kong qui se concentre sur l'art visuel contemporain et la culture. En tant qu'organisme à but non lucratif, Para Site se consacre à soutenir les pratiques artistiques par le biais d'expositions, de programmes éducatifs et d'initiatives de recherche. Il a joué un rôle crucial dans l'élaboration du discours autour de l'art contemporain dans la région.

10. Galerie du lotus bleu :

Blue Lotus Gallery est un espace d'art contemporain situé dans le quartier de Wong Chuk Hang. Spécialisée dans la photographie et les arts visuels, la galerie représente à la fois des artistes émergents et établis. En mettant l'accent sur la narration et les récits culturels,

Blue Lotus Gallery contribue au dialogue sur la culture visuelle contemporaine à Hong Kong.

11. Oi ! (Espace d'art de rue de l'huile) :

Oï ! est un espace d'art contemporain situé à North Point, installé dans un bâtiment historique revitalisé. Il sert de plate-forme pour les pratiques artistiques expérimentales et interdisciplinaires, accueillant des expositions, des performances et des événements culturels. Oï ! contribue au paysage culturel de la ville en soutenant l'expérimentation artistique et en s'engageant auprès de la communauté locale.

Les musées et les galeries de Hong Kong reflètent l'esprit dynamique de la ville, embrassant à la fois sa riche histoire et sa créativité contemporaine. Que vous souhaitiez vous plonger dans le passé de la ville, explorer l'art contemporain de pointe ou vous immerger dans les échanges culturels, les institutions culturelles de Hong Kong offrent une myriade d'expériences. Au fur et à mesure que la ville évolue, sa scène culturelle évolue également, ce qui en fait une destination passionnante pour les amateurs d'art, les passionnés d'histoire et tous ceux qui recherchent un lien plus profond avec l'âme dynamique de Hong Kong.

Festivals et événements

Hong Kong, une ville palpitante d'énergie et de diversité, peut se targuer d'un calendrier dynamique de festivals et d'événements qui reflètent sa riche culture. Des célébrations traditionnelles chinoises aux extravagances internationales, l'esprit festif de la ville est contagieux, attirant les habitants et les visiteurs dans un tourbillon de couleurs, de sons et de traditions tout au long de l'année.

Nouvel An chinois (la date varie)

Commençant l'année avec une explosion de couleurs et d'énergie, le Nouvel An chinois est le festival le plus important et le plus célébré de Hong Kong. La date varie chaque année, s'alignant sur le calendrier lunaire, mais les festivités durent généralement environ 15 jours. La ville se transforme en une mer de rouge et d'or alors que les danses du lion et du dragon remplissent les rues, symbolisant la chance et éloignant les mauvais esprits. Le feu d'artifice emblématique au-dessus du port de Victoria est un point culminant, illuminant le ciel nocturne dans un spectacle éblouissant.

Fête des lanternes (15e jour du Nouvel An lunaire - généralement février ou mars)

Marquant la fin des célébrations du Nouvel An chinois, la fête des lanternes tombe le 15e jour du mois lunaire. Le parc Victoria accueille un spectaculaire Lantern Wonderland, avec des expositions de lanternes complexes, des spectacles culturels et un défilé de lanternes animé. Cet événement offre une occasion magique de découvrir l'artisanat et l'art traditionnels chinois.

Festival Cheung Chau Bun (la date varie - généralement avril ou mai)

Ce festival unique et original se déroule sur l'île de Cheung Chau, avec des tours de pain, des défilés et des processions colorées. Les habitants et les visiteurs sont attirés par l'île pour le concours de brouillage de petits pains, où les participants escaladent d'imposantes structures en bambou pour collecter des petits pains porte-bonheur, censés porter chance.

Carnaval de bateaux-dragons de Hong Kong (la date varie - généralement juin)

Fusion palpitante de sport et de tradition, le carnaval des bateaux-dragons est un moment fort de l'été à Hong Kong. Le port de Victoria devient le théâtre de courses palpitantes de bateaux-dragons, où les équipes pagayent furieusement au rythme des tambours, se disputant la gloire. L'événement comprend également des spectacles culturels dynamiques et une atmosphère de carnaval le long du front de mer.

Courses internationales de bateaux-dragons de Hong Kong (5e jour du 5e mois lunaire - généralement juin)

Bien qu'elles fassent partie du carnaval des bateaux-dragons, les courses internationales de bateaux-dragons de Hong Kong méritent une mention spéciale. Les courses commémorent la vie et la mort de l'ancien poète chinois Qu Yuan, avec des équipes du monde entier qui convergent vers Hong Kong pour montrer leurs prouesses de pagayage.

Foire du livre de Hong Kong (la date varie - généralement juillet)

Pour les amateurs de littérature, la Foire du livre de Hong Kong est un paradis de livres, d'auteurs et de discussions littéraires. Cet événement d'une semaine attire des bibliophiles d'ici et d'ailleurs, avec des lancements de livres, des séances de dédicaces et une pléthore d'activités liées à la lecture. C'est une célébration des mots et des idées, favorisant l'amour de la littérature au cœur de la ville.

Fête de la mi-automne (15e jour du 8e mois lunaire - généralement septembre ou octobre)

Alors que la lune brille à son apogée, Hong Kong célèbre la fête de la mi-automne avec des réunions de famille et l'observation de la lune. Le parc Victoria accueille la principale célébration de la ville, avec des expositions de lanternes, des spectacles culturels et la célèbre danse du dragon de feu. Les gâteaux de lune, un mets festif traditionnel, sont échangés comme symboles de chance et d'unité.

Tai Hang Danse du Dragon de Feu (3 jours de la Fête de la Mi-Automne - Généralement Septembre ou Octobre)

Ce spectacle envoûtant se déroule dans les rues étroites de Tai Hang, où un dragon fait de paille et d'encens s'enroule dans le quartier, accompagné par les battements rythmés des tambours. La danse du dragon de feu Tai Hang est un événement classé au patrimoine culturel de l'UNESCO qui captive les spectateurs par ses origines anciennes et son énergie vibrante.

Feu d'artifice de la fête nationale (1er octobre)

Célébrant la fondation de la République populaire de Chine, la fête nationale de Hong Kong est marquée par un spectaculaire feu d'artifice au-dessus du port de Victoria. La ligne d'horizon est baignée de teintes rouges, symbolisant l'esprit festif de l'occasion. Les habitants et les touristes se rassemblent le long du front de mer pour un festin visuel et pour commémorer cet événement national important.

Grand Carnaval Européen (la date varie - généralement de décembre à février)

Apportant une touche européenne à l'hiver de Hong Kong, le Grand Carnaval européen est un spectacle familial proposant des manèges, des jeux et des spectacles. Se détachant sur la ligne d'horizon emblématique, ce carnaval offre une évasion festive aux habitants et aux visiteurs pendant la période des fêtes.

Hong Kong WinterFest (décembre à janvier)

Embrassant l'esprit des fêtes, le Hong Kong WinterFest transforme la ville en un pays des merveilles hivernales avec des lumières, des décorations et des événements festifs. L'emblématique cérémonie d'illumination de l'arbre de Noël de Statue Square marque le début de la saison des fêtes, tandis que les marchés en plein air et les spectacles saisonniers créent une atmosphère joyeuse.

Compte à rebours de la Saint-Sylvestre (31 décembre)

Alors que l'année touche à sa fin, Hong Kong fait ses adieux à l'ancien et accueille le nouveau avec un compte à rebours éblouissant pour le réveillon du Nouvel An. Le port de Victoria devient le point central des festivités, avec un spectaculaire feu d'artifice synchronisé avec de la musique et des lumières. Le front de mer s'anime de fêtards, créant une atmosphère de liesse alors que la ville inaugure la promesse d'une nouvelle année.

Dans cette métropole cosmopolite, chaque festival et événement ajoute un chapitre unique à l'histoire de Hong Kong, mettant en valeur sa diversité culturelle, ses racines historiques et son dynamisme contemporain. Qu'il soit baigné par la lueur des lanternes du Nouvel An lunaire, emporté par l'excitation des courses de bateaux-dragons ou savourant les délices du Wine & Dine Festival, le calendrier de Hong Kong témoigne de sa capacité à mélanger harmonieusement tradition et modernité dans un spectacle spectaculaire de célébration et de joie.

Meilleurs parcs d'attractions et jardins botaniques

Parcs d'attractions :

1. **Hong Kong Disneyland :** Situé sur l'île de Lantau, Hong Kong Disneyland est une destination magique qui apporte l'enchantement de Disney au cœur de l'Asie. Avec des attractions emblématiques comme le château de la Belle au bois dormant, Space Mountain et des expériences uniques adaptées à la culture chinoise, ce parc offre un mélange captivant de fantaisie et d'aventure. Les visiteurs peuvent explorer sept terrains thématiques, rencontrer des personnages Disney bien-aimés et profiter de parades et de spectacles spectaculaires. Le parc continue de s'agrandir, introduisant de nouvelles attractions pour ravir les visiteurs de tous âges.

Adresse : Île de Lantau, Hong Kong.

2. **Ocean Park :** Surplombant le côté sud de l'île de Hong Kong, Ocean Park combine des manèges palpitants avec des expériences de vie marine. Abritant des pandas géants, des montagnes russes et le Grand Aquarium, Ocean Park offre un large éventail d'attractions. Le parc est divisé en deux zones principales : le Waterfront et le Summit, reliées par un téléphérique panoramique ou un funiculaire

Ocean Express. Qu'il s'agisse de rencontres avec des animaux ou de manèges qui font monter l'adrénaline, Ocean Park s'adresse aux familles, aux amateurs de sensations fortes et aux amoureux de la nature.

Adresse : Wong Chuk Hang, Hong Kong

3. **Parc à thème de l'Arche de Noé : Situé sur l'île de Ma Wan, le parc à thème** de l'Arche de Noé est une attraction unique centrée autour d'une réplique grandeur nature de l'Arche de Noé.Le parc combine le divertissement avec des expositions éducatives, présentant une variété d'animaux et proposant des expositions interactives. Les visiteurs peuvent explorer l'arche, participer à des ateliers et profiter d'une vue panoramique sur la mer de Chine méridionale. L'engagement du parc en faveur de la durabilité environnementale ajoute une dimension éducative à l'expérience globale.

Adresse : 33 Pak Yan Road, Ma Wan, Nouveaux Territoires, Hong Kong.

4. **Parc d'attractions Lai Chi Kok :** Un joyau nostalgique dans le paysage urbain, le parc d'attractions Lai Chi Kok offre un retour à l'expérience traditionnelle des parcs d'attractions. Doté de manèges classiques tels que la grande roue, les autos tamponneuses et une maison hantée, ce parc attire ceux qui recherchent

un avant-goût de l'amusement vintage. Bien que plus petit par rapport aux grands parcs à thème, le parc d'attractions Lai Chi Kok occupe une place particulière dans le cœur des habitants et offre une escapade charmante pour les familles.

Adresse : To Chi Kok Road to Chi Kok, Kowloon, Hong Kong

Jardins botaniques :

1. **Parc de Hong Kong :** Niché au cœur de la ville, le parc de Hong Kong est une oasis de verdure et de tranquillité. Dotée d'une belle volière, d'une serre et de jardins à thème, cette escapade urbaine offre un répit loin de l'agitation de la ville. La volière Edward est un point culminant, offrant un habitat à une variété d'oiseaux exotiques dans un cadre tropical luxuriant. Le parc dispose également d'aires de jeux, de sculptures et du musée de la théière Flagstaff House, ce qui en fait une destination polyvalente pour les amoureux de la nature et les amateurs de culture.

Adresse : 19 Cotton Tree Drive, Central, Hong Kong.

2. **Parc de la ville fortifiée de Kowloon :** Embrassant l'histoire et la nature, le parc de la ville fortifiée de Kowloon se dresse sur le site d'un ancien avant-poste militaire et plus tard d'une colonie urbaine

tristement célèbre. Aujourd'hui, c'est un parc serein avec des jardins chinois classiques, des vestiges historiques et une architecture traditionnelle. La conception élégante du parc reflète les principes traditionnels de l'aménagement paysager chinois, offrant un environnement paisible permettant aux visiteurs d'explorer, de contempler et d'apprécier les racines historiques de la ville.

Adresse : Tung Tsing Road, Kowloon City, Kowloon, Hong Kong.

3. **Jardin de Nan Lian :** Un joyau de l'aménagement paysager chinois classique, le jardin de Nan Lian est situé à Diamond Hill, offrant une évasion tranquille de l'agitation urbaine. Le jardin présente des arbres, des rochers et des jeux d'eau méticuleusement disposés, créant une atmosphère harmonieuse. Adjacent au jardin se trouve le couvent de Chi Lin, un magnifique complexe bouddhiste qui complète l'ambiance sereine du jardin. Les visiteurs peuvent se promener dans les sentiers luxuriants, traverser des ponts ornés et découvrir la sérénité de la conception traditionnelle des jardins chinois.

Adresse : 60 Fung Tak Road, Diamond Hill, Kowloon, Hong Kong.

4. **Jardins zoologiques et botaniques de Hong Kong :** Créés en 1864, les jardins zoologiques et botaniques de Hong Kong sont une institution historique dédiée à la conservation de la biodiversité. Les jardins présentent une collection diversifiée de plantes, y compris des espèces rares et menacées. Les visiteurs peuvent explorer des jardins thématiques, admirer une sélection de mammifères et de reptiles et participer à des programmes éducatifs. Les jardins servent également de poumon vert au cœur de la ville, offrant une retraite paisible aux habitants et aux touristes.

Adresse : Albany Road, Central, Hong Kong.

Ces parcs d'attractions et jardins botaniques contribuent collectivement à l'attrait multiforme de Hong Kong, offrant une gamme d'expériences allant de l'excitation palpitante à la beauté naturelle sereine. Qu'il s'agisse de vivre le frisson des montagnes russes, d'enchanter les personnages Disney ou de profiter de la tranquillité d'un jardin méticuleusement entretenu, ces destinations répondent à des goûts variés et font de Hong Kong une destination dynamique et captivante pour les visiteurs de tous âges.

Hors des sentiers battus

Hong Kong, souvent associée à ses gratte-ciel imposants et à sa vie urbaine animée, recèle des joyaux cachés qui sortent des sentiers battus. Ces attractions moins connues révèlent une autre facette de la ville, mettant en valeur son riche patrimoine culturel, sa beauté naturelle et son charme unique.

1. **Sentier du patrimoine de Ping Shan :** Embarquez pour un voyage à travers les siècles en explorant le sentier du patrimoine de Ping Shan dans les Nouveaux Territoires. Ce sentier historique vous emmène à travers des salles ancestrales, des temples anciens et des villages fortifiés traditionnels, offrant un aperçu du passé rural de Hong Kong. Adresse : Ping Shan, Nouveaux Territoires, Hong Kong.

2. **Terrain de basket-ball Lok Wah South Estate :** Pour une dose inattendue d'esthétique urbaine, visitez le terrain de basket-ball Lok Wah South Estate à Ngau Tau Kok. Cette cour visuellement époustouflante est ornée de motifs géométriques vibrants et colorés, ce qui en fait un paradis pour les amateurs de photographie de rue et d'art. Adresse : Ngau Tau Kok, Kowloon, Hong Kong.

3. **Musée Sam Tung Uk :** Plongez dans l'histoire d'un village fortifié Hakka au musée Sam Tung Uk. Situé à

Tsuen Wan, cet ancien village bien préservé présente l'architecture traditionnelle hakka et donne un aperçu de la vie quotidienne de ses habitants. Adresse : 2 Kwu Uk Lane, Tsuen Wan, Nouveaux Territoires, Hong Kong.

4. **Promenade de Kwun Tong :** Bien que Kwun Tong soit un quartier urbain, sa promenade au bord de l'eau est un joyau caché. Promenez-vous le long de la promenade industrielle chic ornée d'art de rue, de sculptures et d'une vue imprenable sur le port de Victoria. C'est une évasion sereine de l'agitation de la ville. Adresse : Hoi Bun Road, Kwun Tong, Kowloon, Hong Kong.

5. **Jardin d'oiseaux de la rue Yuen Po :** Entrez dans le jardin d'oiseaux de la rue Yuen Po à Mong Kok, un jardin traditionnel de style chinois où les amateurs d'oiseaux se réunissent pour mettre en valeur leurs précieux oiseaux chanteurs. Le jardin dégage une ambiance tranquille, offrant un contraste saisissant avec les marchés animés à proximité. Adresse : Yuen Po Street, Mong Kok, Kowloon, Hong Kong.

6. **Sok Kwu Wan de l'île de Lamma : Bien que l'île de Lamma** soit connue, son village de Sok Kwu Wan est souvent moins exploré. Accessible par ferry, Sok Kwu Wan propose des restaurants de fruits de mer le long du front de mer, offrant une évasion sereine et de

délicieux fruits de mer loin de l'agitation de la ville. Adresse : Sok Kwu Wan, île de Lamma, Hong Kong.

7. **Village de Lei Yue Mun :** Découvrez la culture maritime au village de Lei Yue Mun, niché à l'est de Kowloon. Célèbre pour son marché de fruits de mer et ses restaurants, ce charmant village de pêcheurs offre un aperçu authentique des traditions maritimes de Hong Kong. Adresse : Lei Yue Mun, Kowloon, Hong Kong.

8. **Réservoir de Shing Mun :** Les amoureux de la nature peuvent explorer le pittoresque réservoir de Shing Mun dans les Nouveaux Territoires. Le réservoir est entouré d'une végétation luxuriante, offrant des sentiers de randonnée, des aires de pique-et le paisible barrage Pineapple. C'est une retraite idyllique pour ceux qui cherchent une pause dans l'environnement urbain. Adresse : Réservoir de Shing Mun, Nouveaux Territoires, Hong Kong.

9. **Rue Chun Yeung (rue du tofu) :** Explorez la rue animée Chun Yeung, communément appelée rue du tofu, à North Point. Cette rue animée abrite de nombreux étals de tofu et des marchés traditionnels, offrant un aperçu de la vie locale et des délices culinaires. Adresse : Chun Yeung Street, North Point, île de Hong Kong.

Ces destinations hors des sentiers battus dévoilent une facette de Hong Kong souvent négligée par les routes touristiques traditionnelles. Des sentiers historiques aux villages cachés, en passant par les terrains de basket-ball artistiques et les réservoirs sereins, ces lieux uniques contribuent à la diversité et au dynamisme de cette ville cosmopolite.

Chapitre 2

Commencer

Moment idéal pour visiter

Le choix du meilleur moment pour visiter Hong Kong dépend de vos préférences, car cette ville animée offre quelque chose d'unique en toute saison. Chaque période de l'année s'accompagne de son propre ensemble d'avantages et de considérations, allant des conditions météorologiques aux célébrations culturelles.

1. Automne (septembre à novembre) : L'automne est souvent considéré comme le meilleur moment pour visiter Hong Kong. Pendant ces mois, le temps est doux et agréable, avec des températures allant de 20 ° C à 28 ° C (68 ° F à 82 ° F). L'humidité baisse et le ciel est généralement dégagé, offrant une excellente visibilité pour profiter de la ligne d'horizon emblématique de la ville. L'automne est idéal pour les activités de plein air, qu'il s'agisse de randonnée, d'exploration des parcs ou de promenade le long du front de mer. Cette saison coïncide également avec la fête de la mi-automne, une grande célébration avec des lanternes colorées, des spectacles culturels et une atmosphère festive.

2. Printemps (mars à mai) : Le printemps est une autre période favorable pour visiter Hong Kong, marquée par des températures douces et une flore florissante. Les températures moyennes varient de 18 °C à 26 °C (64 °F à 79 °F). La ville s'anime de couleurs vives alors que les fleurs s'épanouissent dans les parcs et les jardins. Le printemps est également une bonne période pour les activités de plein air, et vous pouvez explorer confortablement les sentiers pittoresques et les espaces verts de Hong Kong. Gardez à l'esprit que le printemps apporte des averses de pluie occasionnelles, il est donc conseillé d'emporter un parapluie ou une veste de pluie.

3. Hiver (décembre à février) : Bien que l'hiver à Hong Kong soit doux par rapport à de nombreuses autres destinations, les températures peuvent chuter à environ 10 ° C à 20 ° C (50 ° F à 68 ° F). L'hiver est la saison la plus sèche, ce qui la rend idéale pour ceux qui préfèrent un temps plus frais et qui veulent éviter la chaleur et l'humidité. Cette saison est également festive, avec des célébrations de Noël et du Nouvel An qui ornent la ville de décorations et d'événements éblouissants. C'est un excellent moment pour faire du shopping, explorer les marchés et profiter de l'esprit des fêtes.

4. Été (juin à août) : L'été à Hong Kong est caractérisé par des températures élevées, de l'humidité et des typhons occasionnels. Les températures moyennes varient de 26 °C à 31 °C (79 °F à 88 °F), avec des niveaux d'humidité élevés. Bien que l'été apporte une énergie vibrante et une atmosphère animée, il est essentiel de se préparer à de fortes pluies et à des typhons occasionnels. Si vous pouvez supporter la chaleur et que vous êtes prêt à adapter vos plans en fonction des prévisions météorologiques, l'été peut encore offrir des expériences agréables. L'été à Hong Kong est également synonyme de courses de bateaux-dragons, offrant une expérience culturelle unique.

Considérations:

- **Foules :** Hong Kong est une métropole animée, et certaines périodes de l'année, comme les jours fériés et les grands festivals, peuvent attirer des foules plus importantes. Si vous préférez une expérience plus calme, il est conseillé d'éviter les périodes de pointe des vacances.

- **Événements et festivals :** Hong Kong accueille de nombreux festivals et événements tout au long de l'année. Si vous avez un festival ou un événement spécifique en tête, planifiez votre visite en conséquence. Par exemple, le Nouvel An chinois et la fête des lanternes sont de grandes célébrations à la fin de l'hiver.

- **Budget :** Les prix de l'hébergement peuvent varier en fonction de la saison. Renseignez-vous et planifiez votre visite pendant les périodes où les hôtels et les vols sont plus abordables.

En conclusion, le meilleur moment pour visiter Hong Kong dépend en grande partie de vos préférences et des expériences que vous recherchez. Que vous préfériez les températures douces de l'automne, les paysages fleuris du printemps, l'atmosphère festive de l'hiver ou l'énergie vive de l'été, Hong Kong offre un large éventail d'expériences tout au long de l'année. Vérifiez toujours les prévisions météorologiques et tenez compte des événements spéciaux ou des jours fériés qui pourraient avoir une incidence sur vos projets de voyage.

Conditions d'entrée et visa

Hong Kong, en tant que région administrative spéciale (RAS) de la Chine, a des exigences de visa et d'entrée distinctes de celles de la Chine continentale. Les voyageurs de divers pays et régions sont autorisés à entrer à Hong Kong à des fins touristiques, d'affaires ou de transit, avec des réglementations spécifiques en matière de visas. Comprendre ces exigences est crucial pour une entrée en douceur et sans tracas dans la ville.

1. Entrée sans visa : De nombreuses nationalités peuvent entrer à Hong Kong pour de courtes visites sans obtenir de visa à l'avance. La durée de séjour autorisée varie entre 7 jours et 180 jours, selon la nationalité du voyageur. Il est important de vérifier l'accord spécifique d'exemption de visa qui s'applique à votre passeport. Les citoyens de pays comme les États-Unis, le Canada, le Royaume-Uni, l'Australie et de nombreux pays européens bénéficient généralement d'un accès sans visa pour les courts séjours.

2. Visa à l'arrivée : Certaines nationalités qui ne sont pas éligibles à l'entrée sans visa peuvent obtenir un visa à l'arrivée à Hong Kong. Cela s'applique généralement aux séjours allant de 7 à 14 jours. Les voyageurs doivent vérifier la liste des pays éligibles au visa à l'arrivée et s'assurer qu'ils répondent aux exigences spécifiques, notamment avoir un passeport valide, une preuve de voyage et des fonds suffisants pour leur séjour.

3. Visas d'emploi et de longue durée : Si les personnes prévoient de travailler, d'étudier ou de rester à Hong Kong pendant une période prolongée, elles doivent demander le visa ou le permis d'entrée approprié. Cela inclut les visas de travail, les visas de personnes à charge et les visas d'étudiant. En général, les candidats doivent avoir une offre d'emploi, une admission dans un établissement d'enseignement reconnu ou une preuve de liens familiaux avec un résident de Hong Kong. Les employeurs jouent souvent un rôle crucial dans le parrainage des visas de travail, et le ministère de l'Immigration de Hong Kong supervise le processus de demande.

4. Laissez-passer de voyage pour région administrative spéciale (RAS) : Certains résidents des RAS chinoises, comme Macao et certaines villes continentales, peuvent bénéficier d'une entrée simplifiée à Hong Kong avec le laissez-passer de voyage SAR. Ce laissez-passer facilite le passage de la frontière pour les personnes admissibles.

5. Conditions d'entrée : Quel que soit le type d'entrée, tous les voyageurs doivent répondre à certaines exigences à leur arrivée à Hong Kong. Il s'agit généralement de :

- Possession d'un passeport valide : Les voyageurs doivent s'assurer que leur passeport a une validité d'au moins six mois au-delà du séjour prévu à Hong Kong.

- Preuve de la poursuite du voyage : Les visiteurs peuvent être tenus de présenter une preuve de leur intention de quitter Hong Kong, comme un billet d'avion aller-retour.
- Des fonds suffisants : les voyageurs doivent être en mesure de démontrer qu'ils disposent de fonds suffisants pour couvrir leur séjour à Hong Kong.

6. Voyager depuis la Chine continentale : Bien que Hong Kong fasse partie de la Chine, elle maintient un système d'immigration distinct. Les voyageurs entrant à Hong Kong depuis la Chine continentale, même s'ils sont titulaires d'un visa chinois valide, sont soumis à la réglementation d'immigration de Hong Kong. Des dispositions spéciales, telles que le programme de visites individuelles (IVS) pour certaines villes continentales, peuvent faciliter l'entrée des voyageurs éligibles.

Comprendre les exigences de Hong Kong en matière de visa et d'entrée est essentiel pour une visite fluide et agréable. Les voyageurs doivent vérifier les réglementations spécifiques en fonction de leur nationalité, du but de leur visite et de toute circonstance unique. Se tenir informé des derniers développements, en particulier à la lumière de la situation mondiale actuelle, garantit le respect des mesures d'entrée et améliore l'expérience de voyage globale.

Se rendre à Hong Kong

Que vous prévoyiez une visite pour affaires ou pour le plaisir, se rendre à Hong Kong est un processus transparent grâce à son infrastructure de transport bien connectée. Ce guide complet explore les différents modes de transport - en avion, en train et en voiture - fournissant des informations précieuses aux voyageurs à la recherche du meilleur moyen de rejoindre cette ville animée.

1. **En avion :**

L'aéroport international de Hong Kong (HKG), situé sur l'île de Chek Lap Kok, est l'un des aéroports les plus fréquentés au monde et une porte d'entrée majeure vers l'Asie. Servant de plaque tournante pour les vols internationaux, l'aéroport est bien relié aux villes du monde entier. Voici ce que vous devez savoir pour vous rendre à Hong Kong :

a. Vols internationaux :

- Vols directs : Hong Kong est directement accessible depuis les grandes villes du monde, notamment New York, Londres, Tokyo, Sydney, etc. Des compagnies aériennes telles que Cathay Pacific, Singapore Airlines et Emirates proposent des vols directs, ce qui facilite les voyageurs long-courriers.

- Vols de correspondance : Si un vol direct n'est pas disponible depuis votre ville de départ, les vols de correspondance via les principaux hubs comme Dubaï, Singapour ou Tokyo sont des alternatives courantes. Des compagnies aériennes telles que Qatar Airways, Thai Airways et Japan Airlines assurent des liaisons efficaces vers Hong Kong.

b. Procédures d'arrivée :

- Douanes et immigration : À leur arrivée à l'aéroport international de Hong Kong, les passagers doivent passer par les procédures de douane et d'immigration. Assurez-vous d'avoir un passeport valide et tous les visas requis en fonction de votre nationalité et de l'objet de votre visite.

- Transport depuis l'aéroport : Le train, les taxis et les bus Airport Express sont facilement disponibles pour le transport de l'aéroport vers diverses parties de Hong Kong. L'Airport Express est une option particulièrement pratique et rapide, reliant les passagers au centre-ville en 24 minutes environ.

c. Vols intérieurs :

- Depuis la Chine continentale : Les vols intérieurs au départ des grandes villes de Chine continentale, telles que Pékin, Shanghai et Guangzhou, offrent des options pratiques pour ceux qui se trouvent déjà dans la région. Les vols fréquents de compagnies aériennes comme Air China et China Eastern Airlines facilitent les déplacements entre la Chine continentale et Hong Kong.

2. **En train :**

Le vaste réseau ferroviaire reliant Hong Kong à la Chine continentale a été considérablement amélioré avec l'introduction du système ferroviaire à grande vitesse (TGV). Il s'agit d'un moyen de transport confortable et efficace pour les voyageurs arrivant en train :

a. Train à grande vitesse (TGV) en provenance de Chine continentale :

- Villes connectées : Le train à grande vitesse Guangzhou-Shenzhen-Hong Kong relie Hong Kong aux principales villes de Chine continentale. Le trajet de Guangzhou à Hong Kong, par exemple, dure environ 47 minutes, ce qui constitue une option rapide et confortable pour les voyages transfrontaliers.
- Gare de West Kowloon : Le TGV arrive à la gare de West Kowloon, un terminal moderne et à l'architecture remarquable de Hong Kong. Située au cœur de la ville, cette gare offre un accès facile à diverses options de transport, notamment le chemin

de fer de transport en commun (MTR), les bus et les taxis.

3. **Par la route :**

Bien que les déplacements routiers vers Hong Kong se fassent principalement en bus ou en véhicule privé, il s'agit d'une option viable pour ceux qui se trouvent à proximité ou qui cherchent à explorer les routes panoramiques menant à la ville :

a. Bus transfrontaliers en provenance de Chine continentale :

- Réseau étendu : Des bus transfrontaliers relient Hong Kong à diverses villes de Chine continentale, offrant ainsi un moyen de transport abordable et pratique. Des villes comme Shenzhen, Guangzhou et Dongguan ont des services de bus bien établis à destination et en provenance de Hong Kong.
- Procédures d'immigration : Les passagers des autobus transfrontaliers passent par les procédures d'immigration aux postes frontaliers. Il est essentiel d'avoir les documents de voyage nécessaires, et les exigences en matière de visa peuvent varier en fonction de la nationalité.

b. Véhicules privés :

- Depuis la Chine continentale : Les voyageurs avec des véhicules privés peuvent entrer à Hong Kong depuis la Chine continentale par les points de contrôle frontaliers désignés. Le point d'entrée le plus courant est le point de passage Lok Ma Chau/Huanggang, reliant Hong Kong à Shenzhen.
- Conduire depuis les régions voisines : Si vous êtes dans des régions voisines comme la province du Guangdong, il est possible de se rendre à Hong Kong en voiture. Hong Kong dispose d'un réseau routier bien entretenu et la route offre des vues panoramiques, en particulier lorsque l'on s'approche de régions comme les Nouveaux Territoires.

Se rendre à Hong Kong est un processus sans faille en raison de son infrastructure de transport bien connectée. Que vous choisissiez d'arriver en avion, en train ou par la route, chaque mode de transport offre ses avantages uniques. Tenez compte de vos préférences, de votre itinéraire de voyage et de toutes les conditions d'entrée spécifiques pour planifier un voyage fluide et agréable dans cette ville captivante.

Chapitre 3

Informations pratiques

Étiquette et tradition locale

Pour vraiment apprécier et s'immerger dans la culture vibrante d'une ville mondiale comme Hong Kong, il est essentiel de comprendre l'étiquette et les traditions locales. Ce guide explore les nuances de la navigation à Hong Kong en ce qui concerne les coutumes, les manières et les pratiques traditionnelles.

1. **Étiquette de salutation :**

un. **Salutations traditionnelles :**

- Utilisation des titres : Lorsque vous saluez quelqu'un, en particulier dans un cadre professionnel, il est d'usage d'utiliser des titres et des noms de famille. Des titres tels que Monsieur, Madame ou Mademoiselle suivis du nom de famille montrent du respect.
- S'incliner ou hocher la tête : Bien que les poignées de main soient courantes, une légère révérence ou un hochement de tête est considéré comme poli et est souvent utilisé dans des situations plus formelles. La profondeur de l'arc ou du hochement de tête dépend du contexte et du niveau de formalité

b. **Respect de l'espace personnel :**

- Gardez vos distances : Hong Kong est une ville animée et l'espace personnel peut être limité, en particulier dans les zones surpeuplées. Respectez l'espace personnel des autres et soyez attentif à la proximité physique.

- Files d'attente : Les files d'attente sont courantes à Hong Kong, qu'il s'agisse d'attendre les transports en commun, d'entrer dans un bâtiment ou de faire la queue pour de la nourriture. Conservez votre place dans la file d'attente et attendez patiemment.

c. **Offrir des cadeaux :**

- Le symbolisme est important : Lorsque vous présentez un cadeau, tenez compte du symbolisme qui y est attaché. Évitez les objets à connotation négative, tels que les horloges, qui symbolisent le temps qui s'écoule. Le rouge est considéré comme une couleur porte-bonheur, tandis que le blanc est associé au deuil.
- Recevez des cadeaux avec grâce : Lorsque vous recevez un cadeau, faites-le avec les deux mains en signe de respect. Il est d'usage d'exprimer sa gratitude verbalement et d'ouvrir le cadeau plus tard en privé.

2. **L'étiquette du dîner :**

un. **Manières à table :**

- Étiquette des baguettes : Ne plantez pas les baguettes à la verticale dans un bol de riz, car cela ressemble à un rituel effectué lors des funérailles. Au lieu de cela, placez-les sur le repose-baguettes ou horizontalement sur le bol.
- Attendez l'hôte : Il est poli d'attendre que l'hôte ou la personne la plus âgée à table commence à manger avant de commencer. De plus, essayez de ne pas finir toute la nourriture dans votre assiette, car cela peut être interprété comme si l'hôte n'en fournissait pas assez.

b. **Culture du thé :**

- Verser le thé : Lorsque quelqu'un vous verse du thé, il est de coutume de taper sur la table avec vos doigts en guise de remerciement. Taper sur la table symbolise le fait de frapper à la porte pour exprimer sa gratitude.
- Remplir les tasses à thé : Si vous voulez plus de thé, laissez le couvercle de la théière ouvert. À l'inverse, si vous souhaitez refuser une recharge, fermez le couvercle.

c. **Étiquette de paiement :**

- Gestion des factures : Lors du règlement de la facture, il est courant que quelqu'un suggère d'opter pour le néerlandais. Cependant, il est poli d'offrir de payer ou de partager l'addition, surtout si vous avez invité d'autres personnes.

- Pourboires : Les pourboires ne sont pas une pratique courante à Hong Kong, car des frais de service sont souvent inclus dans la facture. Cependant, il est apprécié d'arrondir la facture au dollar le plus proche.

3. **Style de communication :**

un. **Considérations linguistiques :**

- Environnement multilingue : Hong Kong est une ville multilingue, et l'anglais et le cantonais sont largement parlés. L'anglais est couramment utilisé dans les zones d'affaires et touristiques, mais l'apprentissage de quelques phrases cantonaises de base peut améliorer vos interactions.
- Langage poli : L'utilisation d'un langage poli et de termes d'adresse démontre le respect. Par exemple, il est apprécié d'ajouter « Sik gaa ngoi » (s'il vous plaît) ou « Mh goi » (merci) à votre vocabulaire.

b. **Communication non verbale :**

- Langage corporel : Les signaux non verbaux jouent un rôle important dans la communication. Maintenez un contact visuel pendant les conversations en signe d'attention et évitez de pointer directement du doigt des personnes ou des objets.

- Silence dans les conversations : Le silence est souvent valorisé dans les conversations, en particulier pendant les négociations ou les discussions. Cela donne aux individus le temps de réfléchir et de formuler leurs réponses.

c. **Phone Etiquette:**

- Restez privé : Lorsque vous vous trouvez dans des espaces publics, tels que les transports en commun ou les restaurants, gardez les conversations téléphoniques privées. Utilisez un faible volume ou éloignez-vous pour éviter de déranger les autres.
- Envoyer des SMS par téléphone : Les SMS sont souvent préférés aux appels téléphoniques dans les espaces publics, ce qui permet de maintenir un environnement plus calme. Il est considéré comme poli de donner la priorité aux textos, en particulier lors d'activités sociales ou communautaires.

4. **Fêtes et coutumes traditionnelles :**

un. **Nouvel An chinois :**

- Paquets rouges : Pendant le Nouvel An chinois, il est de coutume de donner et de recevoir des paquets rouges (hongbao) contenant de l'argent. Le montant doit être pair, et les nombres impairs sont associés aux funérailles.

- Décorations du Nouvel An lunaire : Décorez les maisons et les entreprises avec des symboles traditionnels tels que des lanternes rouges, des papiers découpés et le caractère « fu » (fortune).

b. **Fête de la mi-automne :**

- Gâteaux de lune : La fête de la mi-automne est synonyme de gâteaux de lune. Il est de coutume d'échanger des gâteaux de lune avec la famille et les amis, symbolisant l'unité et la complétude.

- Affichage de lanternes : Des lanternes, souvent en forme d'animaux ou de symboles traditionnels, sont exposées pendant la fête de la mi-automne. Participer à des promenades aux lanternes est une activité populaire.

c. **Festival de Ching Ming :**

- Balayage des tombes : Le festival Ching Ming consiste à visiter les tombes des ancêtres pour balayer et nettoyer la zone. Les familles rendent hommage en offrant de la nourriture, en brûlant de l'encens et en allumant des bougies.

- Cerf-volant : Faire voler des cerfs-volants pendant le festival Ching Ming est une tradition censée porter chance et dissiper les mauvais esprits.

c. **Habillez-vous modestement :**

- Couvrir les épaules et les genoux : Lorsque vous entrez dans un temple, habillez-vous modestement en couvrant vos épaules et vos genoux. Enlevez votre chapeau et vos lunettes de soleil en signe de respect.
- Restrictions relatives à la photographie : Certains temples ont des restrictions sur la photographie, en particulier dans les lieux de culte. Faites attention à la signalisation et aux conseils du personnel du temple.

6. **Coutumes sociales :**

un. **Échanges de cadeaux :**

- Refus initial : Lorsqu'on offre un cadeau, il est d'usage de refuser poliment au moins une fois avant d'accepter. Ce geste est un signe d'humilité.
- Ouvrir les cadeaux plus tard : Lorsque vous recevez un cadeau, il est d'usage de l'ouvrir plus tard en privé. Cela permet au donateur de sauver la face au cas où le cadeau ne serait pas à votre goût.

b. **Célébrations festives :**

- Participez activement : Lors d'occasions festives, qu'il s'agisse d'un mariage, d'un anniversaire ou d'une célébration locale, participez activement aux festivités. Il s'agit notamment de participer à des danses traditionnelles, de partager des repas et de profiter des spectacles culturels.

- Salutations et vœux : Offrir des vœux tels que « Kung Hei Fat Choi » pendant le Nouvel An chinois ou « Saehae Bok Mani Badeuseyo » pendant le Nouvel An coréen montre de la bonne volonté et du respect pour les coutumes locales.

c. **Ancienneté et hiérarchie :**

- Respect des aînés : Hong Kong accorde de l'importance à l'ancienneté et au respect des aînés. Utilisez des titres et des gestes appropriés pour montrer de la déférence envers les personnes âgées.
- Ancienneté dans les affaires : Dans un contexte professionnel, la hiérarchie est souvent observée. Permettez à la personne la plus haut placée de diriger les discussions et les décisions. Il est courant que les décisions soient prises collectivement, avec la participation de tous les niveaux.

Qu'il s'agisse d'une réunion d'affaires, d'un repas ou d'une célébration festive, comprendre les subtilités du tissu social de Hong Kong améliore l'expérience globale. Embrasser la fusion de la modernité et de la tradition, et faire preuve de considération pour les nuances culturelles, permet aux visiteurs de tisser des liens significatifs et de laisser une impression positive dans cette ville dynamique et cosmopolite.

Conseils d'emballage

Faire ses valises efficacement est essentiel pour un voyage en douceur et agréable à Hong Kong. Que vous soyez en voyage d'affaires ou de loisirs, la bonne stratégie d'emballage vous permet d'avoir tout ce dont vous avez besoin tout en gardant vos bagages gérables. Voici quelques conseils essentiels pour votre voyage à Hong Kong :

1. **Vêtements :**

- Couches légères : Emportez des vêtements légers et respirants adaptés au climat chaud et humide. Apportez un mélange de chemises à manches courtes, de shorts et de pantalons confortables. Incluez une veste ou un chandail léger pour les soirées plus fraîches, surtout en hiver.
- Considérations de pudeur : Bien que Hong Kong soit cosmopolite, il est conseillé de s'habiller modestement lors de la visite des temples ou des zones plus traditionnelles. Pensez à emporter une écharpe ou un châle pour vous couvrir en cas de besoin.

2. **Chaussures :**

- Chaussures confortables : Hong Kong implique une bonne quantité de marche, que ce soit pour explorer les quartiers de la ville ou faire de la randonnée sur ses sentiers pittoresques. Emportez des chaussures confortables et respirantes adaptées à l'exploration urbaine et aux activités de plein air.

- Tenue de soirée : Si votre voyage comprend des réunions d'affaires ou des événements formels, emportez une paire de chaussures habillées et une tenue vestimentaire appropriée.

3. **Électronique et adaptateurs :**

- Adaptateur universel : Hong Kong utilise les prises électriques de type G de style britannique. Munissez-vous d'un adaptateur universel pour vous assurer que vos appareils électroniques peuvent être chargés sans aucun problème.
- Banque d'alimentation : Gardez une banque d'alimentation à portée de main pour recharger vos appareils, surtout si vous prévoyez d'utiliser votre smartphone pour la navigation ou la photographie tout au long de la journée.

4. **Essentiels de voyage :**

- Articles de toilette de voyage : Apportez des articles de toilette de voyage pour économiser de l'espace et vous conformer aux réglementations des compagnies aériennes. Pensez à des articles comme la crème solaire, l'insectifuge et tous les médicaments personnels dont vous pourriez avoir besoin.

- Parapluie compact : Hong Kong connaît des averses de pluie occasionnelles, il est donc conseillé d'emporter un parapluie compact et léger. Il peut également fournir de l'ombre pendant les journées ensoleillées.

5. **Sac à dos ou sac à dos :**

- Bagage à main pratique : Apportez un petit sac à dos ou un sac à dos pour les excursions quotidiennes. Il est pratique pour transporter des articles essentiels comme de l'eau, des collations, une carte et un parapluie tout en explorant la ville.
- Sac fourre-tout pliable : Un sac fourre-tout pliable est utile pour un rangement supplémentaire et peut s'avérer utile pour transporter des souvenirs ou des courses.

6. **Documents de voyage :**

- Passeport et visa : Assurez-vous que votre passeport a une validité d'au moins six mois au-delà de votre séjour prévu à Hong Kong. Vérifiez les exigences en matière de visa en fonction de votre nationalité.
- Itinéraire imprimé : Munissez-vous d'une copie imprimée de votre itinéraire, des détails de

l'hébergement et de toute réservation importante. Cela peut être utile dans le cas où vos appareils électroniques ne sont pas accessibles.

7. **Articles de santé et de sécurité :**

- Trousse de premiers soins : Préparez une petite trousse de premiers soins avec des articles essentiels comme des analgésiques, des bandages et tous les médicaments personnels dont vous pourriez avoir besoin.

- Désinfectant pour les mains : Gardez un désinfectant pour les mains de voyage dans votre sac pour les moments où l'eau et le savon ne sont pas facilement accessibles.

8. **Devise et paiement :**

- Monnaie locale : Bien que les cartes de crédit soient largement acceptées, il est conseillé d'avoir sur soi de la monnaie locale pour les petites transactions et les endroits qui n'acceptent pas les cartes.

- Portefeuille avec protection RFID : Assurez-vous que votre portefeuille est doté d'une protection RFID pour protéger vos cartes de crédit contre le vol électronique.

9. **Verrous de voyage et sécurité :**

- Cadenas approuvés par la TSA : Si vous prenez l'avion, utilisez des cadenas approuvés par la TSA sur vos bagages pour plus de sécurité. Ces cadenas peuvent être ouverts par les autorités de sécurité sans endommager votre sac.

- Ceinture porte-billets ou pochette cachée : Envisagez d'utiliser une ceinture porte-billets ou une pochette cachée pour garder les documents importants et les objets de valeur en sécurité lors de l'exploration de la ville.

10. **Bouteille d'eau réutilisable :**

- Restez hydraté : Hong Kong peut être chaud et humide, il est donc crucial de rester hydraté. Apportez une bouteille d'eau réutilisable à remplir tout au long de la journée. L'eau du robinet à Hong Kong est potable.

11. **Collations :**

- Regain d'énergie rapide : Emportez quelques collations, comme des barres granola ou des noix, pour un regain d'énergie rapide pendant vos voyages. Ceux-ci peuvent être pratiques entre les repas ou lors de l'exploration de régions éloignées.

12. **Articles de confort :**

- Oreiller et couverture de voyage : Si vous êtes sur un long vol, apportez un oreiller de voyage et une petite couverture pour plus de confort pendant le voyage.

- Masque pour les yeux et bouchons d'oreille : Ces articles peuvent être utiles pour mieux dormir dans l'avion ou dans des environnements bruyants.

13. **Matériel de divertissement et de lecture :**

- Livre ou liseuse : Pour les temps d'arrêt pendant les voyages ou la détente, apportez un livre ou une liseuse avec vos romans préférés.

- Écouteurs : Les écouteurs antibruit peuvent améliorer votre expérience de voyage, en particulier pendant les vols.

14. **Informations d'urgence :**

- Personnes à contacter en cas d'urgence : Munissez-vous d'une carte avec les coordonnées des personnes à contacter en cas d'urgence, y compris les contacts locaux à Hong Kong et les contacts à la maison.

- Informations sur l'ambassade : Connaissez l'emplacement et les coordonnées de l'ambassade ou du consulat de votre pays à Hong Kong.

15. **Accessoires adaptés aux conditions météorologiques :**

- Chapeau et lunettes de soleil : Protégez-vous du soleil avec un chapeau et des lunettes de soleil, surtout pendant les mois les plus chauds.
- Maillot de bain : Si vous prévoyez de visiter les plages ou de profiter des piscines de l'hôtel, emportez un maillot de bain.

16. **Emballez des souvenirs :**

- Sac pliable : Incluez un sac pliable ou un sac de sport compressible pour les souvenirs ou les articles achetés pendant votre voyage.
- Espace supplémentaire : Laissez de la place dans vos bagages pour les articles que vous voudrez peut-être rapporter, comme des produits locaux ou des cadeaux.

Derniers conseils :

- Limite de poids : Tenez compte des limites de poids imposées par les compagnies aériennes pour les bagages enregistrés et les bagages à main afin d'éviter des frais supplémentaires.
- Adoptez une attitude positive : Enfin, adoptez une attitude positive et un sens de l'aventure. Embrassez

les nouvelles expériences, cultures et paysages que Hong Kong a à offrir.

Avec ces conseils de préparation à l'esprit, vous serez bien préparé pour votre voyage à Hong Kong. Adaptez votre liste de choses à emporter en fonction de la nature spécifique de votre voyage et profitez des expériences vibrantes et dynamiques que cette ville remarquable a à offrir.

Phrases locales de base

Comprendre et utiliser des phrases locales de base à Hong Kong facilite non seulement la communication, mais améliore également l'expérience de voyage globale en favorisant un sentiment de connexion avec la culture locale. Bien que l'anglais soit largement parlé, le cantonais est la langue principale, et l'intégration de quelques phrases clés dans votre répertoire peut aller très loin. Voici un guide complet des phrases locales essentielles à Hong Kong :

Salutations et politesse :

1. **Bonjour / Salut - 你好 (néih hóu) :** La salutation la plus courante, adaptée à toutes les situations.
2. **Good Morning - 早晨 (jóu tóu) :** Utilisé jusqu'à midi environ.
3. **Good Afternoon - 午晨 (ngóu tóu) :** Utilisé l'après-midi.
4. **Bonsoir - 晚晨 (mān tóu) :** Utilisé le soir.
5. **Bonne nuit - 晚安 (mān ōn) :** Dit avant le coucher.
6. **Comment allez-vous ? - 你點呀 ? (néih dím a) :** Une façon courante de poser des questions sur le bien-être de quelqu'un.
7. **Merci - 多謝 (dō jeh) :** Exprimer sa gratitude.

8. **Vous êtes les bienvenus - 唔使客氣 (mh saí hāak hei) :** Répondre aux remerciements signifie littéralement « ne sois pas poli ».
9. **Excusez-moi / Désolé - 唔該 (mh goi) :** Utilisé pour attirer l'attention de quelqu'un ou pour s'excuser.

Phrases conversationnelles de base :

10. **Oui - 係 (hai) :** Réponse affirmative.
11. **Non - 唔係 (mh hai) :** Réponse négative.
12. **Peut-être - 可能啦 (hóh néng là) :** Indiquer l'incertitude.
13. **Je ne comprends pas - 唔明 (mh mìhng) :** Demander des éclaircissements.
14. **S'il vous plaît - 請 (chéng) :** Demander quelque chose poliment.
15. **I'm Sorry - 對唔住 (deui mh jyuh) :** Des excuses plus formelles.
16. **Quel est ton nom ? - 你叫咩名 ? (néih giuh mē méng ?) :** S'enquérir du nom de quelqu'un.
17. **Je m'appelle... - 我叫... (ngóh giu...) :** Se présenter.
18. **Ravi de vous rencontrer - 幸會 (hahng wui) :** Plaisir de faire la connaissance de quelqu'un.

Demander son chemin :

19. **Où se trouve... ? - 邊度係... ? (bīn dou hai... ?) :** Poser des questions sur un lieu.

20. **Comment puis-je me rendre à. . . ？ − 點樣去... ? (dím yuhng heui... ?) :** S'enquérir de l'itinéraire.

21. **Est-ce loin ? - 係唔係遠**啲 **? (hai mh hai yún di ?) :** Poser des questions sur la distance.

22. **Gauche - 左邊 (jó bīn) :** Indique le côté gauche.

23. **Droite - 右邊 (yáuh bīn) :** Indique le côté droit.

24. **Droit - 直行 (jihk hàahng) :** Continuer dans une direction droite.

25. **Tourner à gauche** - **左轉 (jó jyún) :** Indiquer un virage à gauche.

26. **Tourner à droite - 右轉 (yáuh jyún) :** Indiquer un virage à droite.

27. **Excusez-moi, où est la salle de bain ? - 唔該, 洗手間係邊度 ? (mh goi, sai sáu gaan hai bīn dou ?)** : Indispensable quand la nature vous appelle !

Shopping et restauration :

28. **Combien cela coûte-t-il ? - 呢個幾多錢？(ní go géi dō chín ?) :** S'enquérir du prix.

29. **Pouvez-vous baisser le prix ? - 可唔可以平啲？(hó m ho heí pìhng dī ?) :** Négocier un prix plus bas.

30. **I'll Take This One - 我揀呢個 (ngóh gáan ní go) :** Indiquer votre choix.

31. **Acceptez-vous les cartes de crédit ? - 攞唔攞信用卡？(ló mh ló sēn yúhng ká ?) :** Poser des questions sur les options de paiement.

32. **Menu, Please - 麻煩俾個餐牌 (mā fan bĕi gó chāan páai) :** Demander le menu dans un restaurant.

33. **Eau - 開水 (hói séui) :** Demander de l'eau plate.

34. **Délicieux - 好味 (hóu mei) :** Exprimer le plaisir de la nourriture.

35. **Puis-je avoir la facture ? - 可唔可以埋單？(hó m hó héi mùihn) :** Demander l'addition dans un restaurant.

Divers:

36. **Au secours ! - 救命啊！(gau ming ah !) :** Phrase d'urgence.

37. **I'm Lost - 我迷路啦 (ngóh maih louh là) :** Admettre que vous êtes perdu.

38. **J'ai besoin d'un médecin - 我要見醫生 (ngóh yiu gín yī sāng) :** Demander de l'aide médicale.

39. **Où se trouve le plus proche... ? - 最近嘅...係邊度 ? (Jóu Gin Géi... hai bīn dou ?) :** S'enquérir des installations à proximité.

40. **Au revoir - 再見 (jói gin) :** Dire au revoir.

L'intégration de ces phrases locales de base dans vos interactions rendra non seulement votre séjour à Hong Kong plus fluide, mais vous fera également aimer des habitants, qui apprécient souvent que les visiteurs fassent l'effort de s'engager dans leur langue maternelle. Que vous naviguiez dans les marchés animés, que vous dégustiez une cuisine locale ou que vous cherchiez votre chemin, ces phrases amélioreront sans aucun doute votre expérience de voyage dans la ville dynamique et culturellement riche de Hong Kong.

Personnes à contacter en cas d'

À Hong Kong, si vous vous trouvez dans une situation d'urgence, vous pouvez contacter les services d'urgence suivants :

1. **Police :** 999

- La police de Hong Kong est responsable du maintien de la sécurité et de l'ordre publics. Appelez le 999 pour obtenir l'aide de la police en cas d'urgence ou de crime.

2. **Pompiers et ambulanciers :** 999

- Pour les urgences d'incendie, l'assistance médicale ou les services ambulanciers, composez le 999. Ce numéro vous mettra en contact avec le service d'incendie, qui s'occupe à la fois des opérations d'incendie et de sauvetage et des services médicaux d'urgence.

3. **Ligne d'urgence pour les touristes :** 2508-1234

- L'Office du tourisme de Hong Kong met à disposition une ligne d'urgence pour les touristes. Vous pouvez appeler ce numéro pour obtenir de l'aide ou des informations en cas d'urgence, d'accident ou de catastrophe naturelle.

4. **Consulat ou Ambassade :**

- Si vous êtes un ressortissant étranger, contactez le consulat ou l'ambassade de votre pays à Hong Kong pour obtenir de l'aide. Ils peuvent fournir des services consulaires, aider en cas d'urgence et offrir des conseils aux citoyens de leurs pays respectifs.

5. **Ligne d'assistance téléphonique de l'autorité hospitalière :** 2300-6555

- L'autorité hospitalière gère une ligne d'assistance téléphonique pour l'assistance médicale non urgente et l'information. Si vous avez besoin d'un avis médical ou d'informations sur les services de santé, vous pouvez appeler ce numéro.

Conseils de sécurité

La sécurité est une priorité absolue pour les voyageurs, et que vous exploriez les rues animées de Hong Kong ou toute autre destination, prendre des précautions peut améliorer votre expérience globale. Voici quelques conseils de sécurité à garder à l'esprit lors de votre visite à Hong Kong :

1. **Soyez conscient de votre environnement :**

- Restez vigilant et conscient de votre environnement, en particulier dans les zones bondées ou les transports en commun.
- Faites attention à vos biens et assurez-vous que vos objets de valeur sont en sécurité.

2. **Utilisez un moyen de transport réputé :**

- Optez pour des services de transport réputés, tels que des taxis agréés et des applications de covoiturage bien connues.
- Faites preuve de prudence lorsque vous utilisez des taxis banalisés ou non officiels.

3. **Méfiez-vous des escroqueries :**

- Méfiez-vous des étrangers qui offrent de l'aide ou des services non sollicités, en particulier dans les zones touristiques.

- Évitez de partager des informations personnelles avec des inconnus et méfiez-vous des offres ou des promotions inattendues.

4. **Sécurisez vos biens :**

- Gardez vos effets personnels en sécurité et utilisez des mesures antivol telles que des ceintures porte-billets ou des pochettes de cou pour les objets importants.
- Évitez d'exposer de grosses sommes d'argent en public.

5. **Restez informé(e) :**

- Tenez-vous au courant des nouvelles et des événements locaux, surtout s'il y a des manifestations, des grèves ou des rassemblements publics.
- Surveillez les avertissements aux voyageurs émis par l'ambassade ou le consulat de votre pays.

6. **Personnes à contacter en cas d'urgence :**

- Enregistrez les numéros de téléphone des personnes à contacter en cas d'urgence, y compris la police locale (999) et le consulat ou l'ambassade de votre pays, dans votre téléphone.

- Partagez votre itinéraire de voyage et vos coordonnées avec un ami ou un membre de votre famille en qui vous avez confiance.

7. **Précautions pour la santé :**

- Assurez-vous d'avoir une assurance voyage qui couvre les urgences médicales.
- Soyez prudent avec la nourriture de rue et assurez-vous que l'eau que vous consommez est salubre. L'eau embouteillée est largement disponible.

8. **Hébergement sécurisé :**

- Choisissez un hébergement réputé et sécurisé. Faites des recherches sur les avis et les évaluations avant de réserver.
- Utilisez les coffres-forts de l'hôtel pour les objets de valeur et les documents importants.

9. **Utilisez les guichets automatiques à bon escient :**

- Utilisez les guichets automatiques dans des endroits bien éclairés et sécurisés.
- Méfiez-vous des dispositifs d'écrémage et couvrez votre NIP lorsque vous le saisissez.

10. **Restez hydraté et protégé du soleil :**

- Hong Kong peut être chaud et humide, surtout pendant l'été. Restez hydraté en buvant beaucoup d'eau.
- Utilisez de la crème solaire, un chapeau et des lunettes de soleil pour vous protéger du soleil.

11. **Respectez le code de la route :**

- Faites attention aux règles de circulation lorsque vous traversez des routes et utilisez les passages pour piétons désignés.
- Soyez prudent lorsque vous utilisez les transports en commun et suivez les consignes de sécurité.

12. **Sécurisez votre hébergement :**

- Choisissez un hébergement réputé et sécurisé. Faites des recherches sur les avis et les évaluations avant de réserver.
- Utilisez les coffres-forts de l'hôtel pour les objets de valeur et les documents importants.

13. **Apprenez les phrases de base :**

- Familiarisez-vous avec les phrases locales de base pour faciliter la communication.
- Utilisez des expressions polies lorsque vous interagissez avec les habitants.

14. **Restez informé sur la météo :**

- Hong Kong peut connaître des typhons et de fortes pluies. Tenez-vous au courant des conditions météorologiques, en particulier pendant la saison des typhons (de juin à octobre).

N'oubliez pas que les pratiques de sécurité peuvent varier d'un endroit à l'autre, il est donc essentiel de s'adapter au contexte spécifique de vos déplacements. Restez informé, soyez prudent et profitez de votre temps pour explorer la ville dynamique et diversifiée de Hong Kong.

Chapitre 4

Logement

Meilleurs hôtels

Le choix de votre hébergement est très important lorsque vous visitez une ville aussi étonnante que Hong Kong afin de passer un agréable séjour. Voici quelques hôtels avec différentes gammes de budgets, y compris des choix populaires. Gardez à l'esprit que les prix et les détails peuvent varier, et il est conseillé de vérifier les dernières informations et avis avant de faire des réservations :

Options budgétaires :

1. **Pack Urbain**

   - Adresse : Appartement D8, 5/F, Bloc D, Chungking Mansion, 36-44 Nathan Road, Tsim Sha Tsui, Kowloon, Hong Kong.
   - Offres : Auberge de jeunesse économique avec hébergement de style dortoir, une connexion Wi-Fi gratuite et un emplacement central.
   - Gamme de prix : USD 20-40 par nuit.

2. **Yesinn @YMT**

- Adresse : 2/F, Nan Chung Building, 264 Nathan Road, Jordan, Kowloon, Hong Kong.
- Offres : Auberge abordable avec des dortoirs mixtes et réservés aux femmes, des espaces communs et une terrasse sur le toit.
- Gamme de prix : USD 25-50 par nuit.

3. **Mini Hôtel Central**

- Adresse : 38 Ice House Street, Central, Hong Kong.
- Offres : Chambres compactes avec un design moderne, une connexion Wi-Fi gratuite et un emplacement privilégié dans le centre.
- Gamme de prix : USD 50-80 par nuit.

4. **Dragon Hostel**

- Adresse : Salle 707, Sincere House, 83 Argyle Street, Mong Kok, Kowloon, Hong Kong.
- Offres : Auberge de jeunesse économique avec une variété de types de chambres, y compris des dortoirs et des chambres privées.
- Gamme de prix : USD 20-40 par nuit.

5. **Ah Shan Auberge de jeunesse**

- Adresse : Appartement D8, 10/F, Bloc D, Chungking Mansion, 36-44 Nathan Road, Tsim Sha Tsui, Kowloon, Hong Kong.
- Offres : Hébergement économique de base avec des dortoirs mixtes et réservés aux femmes.
- Gamme de prix : USD 25-45 par nuit.

6. **Hôtel Apple**

- Adresse : 1/F, 54-70 Lee Garden Road, Causeway Bay, Hong Kong.
- Offres : Chambres simples et propres au cœur de Causeway Bay, avec un accès facile aux boutiques et aux restaurants.
- Gamme de prix : USD 50-80 par nuit.

7. **États-Unis Auberge de jeunesse**

- Adresse : 52-54A Cameron Road, Tsim Sha Tsui, Kowloon, Hong Kong.
- Offres : Auberge abordable avec une gamme de types de chambres, y compris des dortoirs et des chambres privées.
- Gamme de prix : USD 30-60 par nuit.

8. **Panda's Hostel - Confortable**

- Adresse : Flat A, 2/F, National Court, 242 Nathan Road, Jordan, Kowloon, Hong Kong.
- Offres : Auberge confortable avec différentes configurations de chambres et un emplacement idéal.
- Gamme de prix : USD 40-70 par nuit.

9. **Hong Kong Auberges de Jeunesse**

- Adresse : Flat A3, 3/F, Mirador Mansion, 58 Nathan Road, Tsim Sha Tsui, Kowloon, Hong Kong.
- Offres : Hébergement en auberge de jeunesse de base dans un quartier animé, adapté aux voyageurs à petit budget.
- Gamme de prix : USD 20-40 par nuit.

10. **Moi Auberge de jeunesse facile**

- Adresse : 2/F, 8 Nanking Street, Jordan, Kowloon, Hong Kong.
- Offres : Auberge abordable avec des dortoirs mixtes et réservés aux femmes, à proximité des transports en commun.
- Gamme de prix : USD 25-50 par nuit.

Options de milieu de gamme :

1. **Papillon sur le front de mer Boutique Hotel**

- Adresse : 94 Connaught Road West, Sheung Wan, Hong Kong.
- Offres : Chambres élégantes avec vue sur le port, un centre de remise en forme et un emplacement idéal.
- Gamme de prix : USD 80-150 par nuit.

2. **Mingle Place près du parc**

- Adresse : 143 Wanchai Road, Wanchai, Hong Kong.
- Offres : Hôtel de charme avec des chambres à thème, une connexion Wi-Fi gratuite et la proximité des magasins et des restaurants.
- Gamme de prix : USD 100-180 par nuit.

3. **Hôtel iclub Fortress Hill**

- Adresse : 18 Merlin Street, Fortress Hill, North Point, Hong Kong.
- Offres : Hôtel contemporain avec un jardin sur le toit, une connexion Wi-Fi gratuite et un accès facile aux transports en commun.
- Gamme de prix : USD 90-160 par nuit.

4. **L'Hôtel de l'Empereur**

- Adresse : 373 Queen's Road East, Wanchai, Hong Kong.
- Offres : Chambres modernes avec vue sur la ville, une terrasse sur le toit et un emplacement central.

- Gamme de prix : USD 120-200 par nuit.

5. **Ovolo Southside**

- Adresse : 64 Wong Chuk Hang Road, Aberdeen, Hong Kong.
- Offres : Hôtel chic au design contemporain, minibar gratuit et bar sur le toit avec vue panoramique.
- Gamme de prix : USD 130-220 par nuit

6. **Eaton HK**

- Adresse : 380 Nathan Road, Jordan, Kowloon, Hong Kong.
- Offres : Hôtel respectueux de l'environnement avec des équipements modernes, une piscine sur le toit et une variété d'options de restauration.
- Gamme de prix : USD 120-200 par nuit.

7. **Hôtel Lanson Place**

- Adresse : 133 Leighton Road, Causeway Bay, Hong Kong.
- Offres : Chambres élégantes avec kitchenette, un jardin sur le toit et des services personnalisés.
- Gamme de prix : USD 150-250 par nuit.

8. **Le Harbourview**

- Adresse : 4 Harbour Road, Wanchai, Hong Kong.
- Offres : Chambres confortables avec vue sur le port, une piscine sur le toit et la proximité du centre de conventions et d'expositions de Hong Kong.
- Gamme de prix : USD 120-200 par nuit.

9. **Hôtel Jen Hong Kong**

- Adresse : 508 Queen's Road West, Western District, Hong Kong.
- Offres : Hôtel contemporain avec une piscine sur le toit, un service de navette gratuit et des intérieurs animés.
- Fourchette de prix : USD 110-180 par nuit.

10. **Novotel Century Hong Kong**

- Adresse : 238 Jaffe Road, Wanchai, Hong Kong.
- Offres : Des chambres bien aménagées, une piscine extérieure et plusieurs options de restauration au cœur de Wanchai.
- Gamme de prix : USD 130-220 par nuit.

Options de luxe :

1. **The Peninsula Hong Kong**

- Adresse : Salisbury Road, Tsim Sha Tsui, Kowloon, Hong Kong.
- Offres : Hôtel de luxe emblématique avec des chambres élégantes, un héliport sur le toit et des restaurants de classe mondiale.
- Gamme de prix : USD 300-500+ par nuit.

2. **Mandarin Oriental, Hong Kong**

- Adresse : 5 Connaught Road Central, Central, Hong Kong.
- Offres : Hébergement luxueux, un spa, une cuisine étoilée au Michelin et un emplacement central.
- Gamme de prix : USD 400-700+ par nuit.

3. **Le Ritz-Carlton, Hong Kong**

- Adresse : International Commerce Centre, 1 Austin Road West, Kowloon, Hong Kong.
- Offres : Hôtel cinq étoiles avec vue panoramique, piscine à débordement et restaurants étoilés Michelin.
- Gamme de prix : USD 500-800+ par nuit.

4. **Hôtel Four Seasons à Hong Kong**

- Adresse : 8 Finance Street, Central, Hong Kong.

- Offres : Des chambres opulentes, une piscine sur le toit avec vue sur le port et une variété d'options de restauration.
- Gamme de prix : USD 450-700+ par nuit.

5. **L'emblématique Mandarin Oriental**

- Adresse : 15 Queen's Road Central, Central, Hong Kong.
- Offres : Des chambres élégantes et contemporaines, un spa et des restaurants étoilés au guide Michelin.
- Gamme de prix : USD 400-650+ par nuit.

6. **Île Shangri-La, Hong Kong**

- Adresse : Pacific Place, Supreme Court Road, Central, Hong Kong.
- Offres : Un hébergement de luxe, un spa et un restaurant étoilé au guide Michelin dans un lieu prestigieux.
- Gamme de prix : USD 350-600+ par nuit.

7. **La Chambre haute**

- Adresse : Pacific Place, 88 Queensway, Admiralty, Hong Kong.
- Offres : Hôtel de luxe de charme avec des chambres spacieuses, un design chic et des vues panoramiques.

- Gamme de prix : USD 400-650+ par nuit.

8. **W Hong Kong**

- Adresse : 1 Austin Road West, Kowloon Station, Kowloon, Hong Kong.
- Offres : Hôtel de luxe contemporain avec une atmosphère animée, une piscine sur le toit et des chambres élégantes.
- Gamme de prix : USD 300-500+ par nuit.

9. **Le Langham, Hong Kong**

- Adresse : 8 Peking Road, Tsim Sha Tsui, Kowloon, Hong Kong.
- Offres : Hôtel de luxe classique avec des chambres élégantes, une piscine sur le toit et des options de restauration raffinée.
- Gamme de prix : USD 250-450+ par nuit.

10. **Palissandre Hong Kong**

- Adresse : Victoria Dockside, 18 Salisbury Road, Tsim Sha Tsui, Kowloon, Hong Kong.
- Offres : Hôtel ultra-luxueux avec des chambres spacieuses, un emplacement au bord de l'eau et une cuisine exceptionnelle.
- Gamme de prix : USD 500-800+ par nuit.

Veuillez noter que les fourchettes de prix mentionnées sont approximatives et peuvent varier en fonction de facteurs tels que la disponibilité des chambres, les tarifs saisonniers et les promotions spéciales. Il est recommandé de consulter le site officiel de l'hôtel ou de le contacter directement pour obtenir les informations les plus précises et les plus récentes. De plus, les avis d'autres voyageurs peuvent fournir des informations précieuses sur la qualité des services et des équipements offerts par chaque hôtel.

Établissements

Hong Kong offre une gamme variée d'options d'hébergement, et les maisons d'hôtes offrent une alternative plus intime et économique aux hôtels. Ces établissements offrent souvent une expérience unique et locale aux voyageurs à la recherche d'un séjour plus immersif. Vous trouverez ci-dessous des informations sur les maisons d'hôtes à Hong Kong, y compris les adresses, les offres et les fourchettes de prix approximatives.

1. Auberge de jeunesse Hoho

- **Adresse :** Appartement B2, 5/F, Bloc B, Chungking Mansion, 40 Nathan Road, Tsim Sha Tsui, Kowloon, Hong Kong.
- **Offres :** Hoho Hostel est situé dans le manoir de Chungking, offrant un hébergement abordable à Tsim Sha Tsui. La maison d'hôtes propose des dortoirs mixtes et réservés aux femmes, ainsi que des chambres privées. Une connexion Wi-Fi est disponible gratuitement et la maison d'hôtes se trouve à quelques pas des principales attractions et des transports en commun.
- **Gamme de prix :** HKD 250-550 par nuit.

2. Auberge de jeunesse économique

- **Adresse :** Flat A4, 10/F, Block A, Chungking Mansion, 36-44 Nathan Road, Tsim Sha Tsui, Kowloon, Hong Kong.
- **Offres :** Le Budget Hostel est situé à Chungking Mansion, proposant un hébergement économique à Tsim Sha Tsui. La maison d'hôtes propose une gamme de types de chambres, y compris des dortoirs et des chambres privées. Son emplacement central garantit un accès facile aux boutiques, aux restaurants et aux expériences culturelles.
- **Gamme de prix :** HKD 200-450 par nuit.

3. Auberge Reliance

- **Adresse :** Flat F1, 13/F, Mirador Mansion, 58 Nathan Road, Tsim Sha Tsui, Kowloon, Hong Kong.
- **Offres :** Le Reliance Inn est situé dans le manoir Mirador et propose un hébergement économique à Tsim Sha Tsui. La maison d'hôtes propose des dortoirs mixtes et réservés aux femmes, ainsi que des chambres privées. Son emplacement central assure un accès facile aux boutiques, aux restaurants et aux attractions culturelles.
- **Gamme de prix :** HKD 250-550 par nuit.

4. Auberge de jeunesse Everest

- **Adresse :** Flat C, 2/F, Mirador Mansion, 58 Nathan Road, Tsim Sha Tsui, Kowloon, Hong Kong.
- **Offres :** L'Everest Hostel est situé dans le manoir Mirador, proposant un hébergement économique à Tsim Sha Tsui. La maison d'hôtes propose une variété de types de chambres, y compris des dortoirs et des chambres privées. Une connexion Wi-Fi est disponible gratuitement et la maison d'hôtes se trouve à quelques pas des principales attractions.
- **Gamme de prix :** HKD 220-480 par nuit.

Ces maisons d'hôtes s'adressent à différents budgets et offrent différents niveaux de confort et d'équipements. Il est essentiel de tenir compte de vos préférences et de vos besoins lors du choix d'un logement. De plus, les prix peuvent fluctuer en fonction de facteurs tels que la saison, la disponibilité et les promotions en cours. Vérifiez toujours les derniers avis et informations avant de faire des réservations pour vous assurer un séjour agréable et agréable à Hong Kong.

Chapitre 5

Se déplacer

Bus

Se déplacer à Hong Kong en bus est un moyen efficace et abordable d'explorer la ville. Le vaste réseau de bus couvre une vaste zone, reliant différents quartiers et offrant un mode de transport pratique. Voici un guide pour se déplacer à Hong Kong en bus, y compris des informations clés sur les itinéraires, les tarifs et des conseils pour un voyage en douceur.

Types d'autobus :

1. **Bus urbains :** Ces bus circulent dans les zones urbaines et relient différents quartiers. Ils sont codés par couleur et les itinéraires sont affichés en anglais et en chinois.

2. **New World First Bus (NWFB) et Citybus :** Il s'agit des principaux opérateurs de bus à Hong Kong, offrant un réseau complet de lignes à travers la ville.

3. **Kowloon Motor Bus (KMB) :** Un autre grand opérateur de bus desservant Kowloon et les Nouveaux Territoires. À l'instar de NWFB et de Citybus, KMB exploite un large éventail de lignes.

Itinéraires et destinations des bus :

1. **Numéros de ligne :** Les lignes de bus à Hong Kong sont identifiées par des numéros. Le numéro est affiché à l'avant, sur les côtés et à l'arrière du bus.

2. **Affichage** de la destination : La destination du bus est affichée bien en évidence à l'avant, alors assurez-vous de la vérifier avant de monter à bord. Les arrêts de bus ont généralement des cartes routières et des horaires.

3. **Terminaux de bus :** Les principaux quartiers ont des terminaux de bus où vous pouvez trouver plusieurs itinéraires. C'est le cas, par exemple, du terminus de bus Star Ferry à Tsim Sha Tsui et du terminus de bus Exchange Square à Central.

Tarifs et paiement :

1. **Carte Octopus :** La façon la plus pratique de payer les trajets en autobus est d'utiliser une carte Octopus. Cette carte à puce sans contact peut être utilisée dans les bus, le métro et les ferries et même pour les petits achats dans les dépanneurs.

2. **Tarif exact en pièces :** Si vous n'avez pas de carte Octopus, vous pouvez payer le tarif exact en pièces lorsque vous montez à bord. Le tarif varie en fonction de la distance parcourue.

Arrêts de bus et horaires :

1. **Arrêts de bus :** Les arrêts de bus sont situés dans toute la ville et sont signalés par des panneaux indiquant les numéros de route et une liste de destinations.

2. **Horaires : Les** horaires sont souvent affichés aux principaux arrêts de bus, fournissant des informations sur les itinéraires qui s'y arrêtent et leurs horaires.

Conseils pour prendre l'autobus :

1. **Heures de pointe :** Évitez de prendre les bus pendant les heures de pointe si possible, car ils peuvent être bondés. Les heures de pointe sont généralement le matin (de 7 h 30 à 9 h 30) et la fin de l'après-midi (de 17 h 30 à 19 h 30).

2. **Itinéraires express :** Certains bus fonctionnent comme des itinéraires express avec moins d'arrêts, ce qui les rend plus rapides pour les longs trajets.

3. **Bus de nuit : Les** bus de nuit circulent tard dans la nuit, lorsque les autres transports en commun sont limités. Ces autobus sont précédés de la lettre « N ».

4. **Priorité aux sièges :** Les sièges prioritaires sont réservés aux passagers âgés, aux femmes enceintes et aux personnes handicapées. Soyez prévenant et offrez votre siège si vous occupez un siège prioritaire.

5. **Échangeurs de bus :** Les principaux quartiers et centres de transport ont des échangeurs de bus, où vous pouvez facilement passer d'une ligne de bus à l'autre.

Lignes de bus les plus fréquentes :

1. **Bus 15 (Central to The Peak) :** Offre un trajet panoramique jusqu'à Victoria Peak.
2. **Bus 6 (Stanley à Central) :** Vous emmène du quartier animé de Central au quartier décontracté de Stanley.
3. **Bus 171 (Tsim Sha Tsui à Tai O) :** relie la ville de Tsim Sha Tsui au village de pêcheurs traditionnel de Tai O.
4. **Bus 260 (Sha Tin à Central) :** Voyage des Nouveaux Territoires (Sha Tin) au cœur de Central.
5. **Bus 973 (Tsim Sha Tsui à Repulse Bay) :** Vous emmène de la ville à la magnifique baie de Repulse.

N'oubliez pas que le système de transport public de Hong Kong est bien desservi et que la combinaison de bus avec d'autres modes de transport comme le MTR peut offrir une expérience de voyage sans faille.

Train

Se déplacer à Hong Kong en train est efficace, pratique et l'un des modes de transport les plus populaires. Le système de chemin de fer de transport en commun (MTR) est étendu, couvrant l'île de Hong Kong, Kowloon, les Nouveaux Territoires, et même la frontière avec la Chine continentale. Voici un guide complet pour se déplacer à Hong Kong en train :

Chemin de fer de transport en commun :

Le MTR est l'épine dorsale des transports publics à Hong Kong. Il se compose de plusieurs lignes, chacune codée par couleur, et relie les principaux quartiers, les zones d'affaires et les quartiers résidentiels. Voici un aperçu des principales lignes MTR :

1. **Island Line (bleue) :** dessert l'île de Hong Kong, reliant Kennedy Town à Chai Wan.

2. **Ligne Tsuen Wan (rouge) :** relie Tsuen Wan dans les Nouveaux Territoires à Central sur l'île de Hong Kong.

3. **Ligne Kwun Tong (verte) :** Va de Tiu Keng Leng dans les Nouveaux Territoires à Whampoa à Kowloon.

4. **Ligne Tseung Kwan O (violet) :** relie North Point sur l'île de Hong Kong à Po Lam dans les Nouveaux Territoires.

5. **Ligne Tung Chung (orange) :** relie l'île de Hong Kong à l'île de Lantau, y compris Tung Chung et Hong Kong Disneyland.

6. **Ligne de chemin de fer de l'Est (bleu clair) :** relie Hung Hom à Kowloon au nord des Nouveaux Territoires et à la frontière avec la Chine continentale.

7. **West Rail Line (violet clair) :** Va de Tuen Mun au nord-ouest à Hung Hom à Kowloon.

8. **Ma On Shan Line (marron) :** relie Tai Wai à Wu Kai Sha dans les Nouveaux Territoires.

9. **Disneyland Resort Line (Rose) :** Ligne dédiée desservant Hong Kong Disneyland Resort.

10. **Ligne de l'île du Sud (bleu foncé) :** S'étend de l'Amirauté à South Horizons sur l'île de Hong Kong.

Utilisation du MTR :

1. **Tarifs et billets :**

- Utilisez **une carte Octopus :** La carte Octopus est une carte à puce rechargeable qui peut être utilisée dans tous les transports en commun, y compris le MTR. Il propose des tarifs réduits par rapport aux billets aller simple.

- **Billets aller simple :** Si vous n'avez pas de carte Octopus, vous pouvez acheter des billets aller simple aux distributeurs de billets dans les stations MTR.

2. **Installations de la gare :**

- Les stations de métro sont équipées d'installations telles que des distributeurs de billets, des comptoirs d'information, des toilettes et des magasins.
- **Ascenseurs et escaliers mécaniques :** La plupart des stations sont équipées d'ascenseurs et d'escaliers mécaniques pour faciliter l'accès.

3. **Fréquence des trains :**

- Les trains circulent fréquemment, surtout aux heures de pointe, avec des temps d'attente généralement inférieurs à 5 minutes.

4. **Stations d'échange :**

- Certaines stations desservent plusieurs lignes MTR, ce qui facilite les correspondances. Les exemples incluent Admiralty, Mong Kok et Kowloon Tong.

Express de l'aéroport :

L'Airport Express est un service de train dédié qui relie l'aéroport international de Hong Kong au centre-ville. Les principales stations sont les suivantes :

1. **Gare de Hong Kong :** située dans le centre de l'île de Hong Kong.
2. **Gare de Kowloon :** Située à West Kowloon.

L'Airport Express offre un moyen rapide et pratique de voyager entre l'aéroport et la ville, avec un temps de trajet d'environ 24 minutes.

Conseils d'utilisation du MTR :

1. **Faites attention à l'écart :** Faites attention à l'espace entre le train et le quai lorsque vous montez ou descendez.
2. **Sièges prioritaires :** Des sièges prioritaires sont disponibles pour les passagers ayant des besoins spéciaux. Soyez prévenant et offrez ces sièges à ceux qui en ont besoin.
3. **Heures** de pointe : Les heures de pointe du matin sont généralement de 7 h 30 à 9 h 30 et les heures de pointe du soir de 17 h 30 à 19 h 30. Les trains peuvent être bondés pendant ces périodes.
4. **Applications MTR : Utilisez les** applications mobiles ou le site Web officiel de MTR pour obtenir des informations en temps réel sur les horaires des trains, les mises à jour de service et les installations de la gare.

5. **Faites attention à vos affaires :** Hong Kong est une ville sûre, mais il est toujours sage de garder un œil sur vos affaires, en particulier dans les zones surpeuplées.

6. **Explorez les centres commerciaux MTR :** Certaines stations MTR sont intégrées aux centres commerciaux, offrant des options supplémentaires pour faire du shopping et manger.

7. **Prenez le Star Ferry :** Envisagez de combiner votre voyage en MTR avec un trajet sur l'emblématique Star Ferry, reliant Tsim Sha Tsui et Central.

8. **Service vers la Chine continentale :** Le service ferroviaire à grande vitesse relie Hong Kong à diverses villes de Chine continentale, notamment Shenzhen et Guangzhou.

Le système MTR de Hong Kong n'est pas seulement un mode de transport pratique, mais aussi une expérience en soi. Les trains efficaces et propres, ainsi que la facilité de la connectivité, en font un choix privilégié pour les habitants et les touristes qui explorent la ville animée.

Taxis et covoiturage

Se déplacer en taxi et utiliser les services de covoiturage est un moyen pratique et populaire de se déplacer à Hong Kong, offrant flexibilité et confort. Voici un guide sur l'utilisation des taxis et des services de covoiturage dans la ville :

Taxis:

Caractéristiques principales :

1. **Taxis rouges :** Les taxis rouges emblématiques de Hong Kong circulent dans toute la ville.
2. **Taxis verts : Les taxis** verts opèrent dans les Nouveaux Territoires et dans certaines parties de la ville qui ne sont pas aussi facilement accessibles par les taxis rouges.
3. **Disponibilité :** Les taxis sont facilement disponibles et peuvent être signalés dans la rue ou loués dans les stations de taxis.

Tarifs:

1. **Tarifs avec compteur :** Les taxis de Hong Kong fonctionnent selon un système de tarification avec compteur.

2. **Supplément : Des** frais supplémentaires peuvent s'appliquer pour les péages, les bagages et les trajets dans les tunnels.

3. **Reçus :** Les taxis fournissent des reçus imprimés sur demande.

Conseils pour prendre un taxi :

1. **Argent comptant de préférence :** Les taxis acceptent généralement l'argent comptant. Certains peuvent accepter les cartes de crédit, mais il est conseillé d'avoir suffisamment d'argent liquide sur soi.

2. **Barrière de la langue :** Bien que de nombreux chauffeurs de taxi comprennent l'anglais de base, il est utile d'avoir votre destination écrite en chinois pour une meilleure communication.

3. **Stations de taxis : Les taxis** se trouvent dans les stations de taxis désignées près des principales attractions, des hôtels et des centres de transport.

4. **Heures de pointe :** Les taxis peuvent être rares pendant les heures de pointe, en particulier dans les zones populaires. Envisagez d'autres moyens de transport pendant les heures de pointe.

Services de covoiturage :

Services populaires :

1. **Uber : Uber** opère à Hong Kong, offrant une alternative aux taxis traditionnels.
2. **Autres applications : Des** applications de covoiturage locales telles que « DiDi » sont également disponibles.

Conseils pour l'utilisation des services de covoiturage :

1. **Wi-Fi ou données : assurez-vous** d'avoir une connexion Internet active pour utiliser les applications de covoiturage.
2. **Options de langue :** Les applications de covoiturage ont souvent des options linguistiques, ce qui les rend accessibles aux utilisateurs anglophones.
3. **Estimations de tarifs :** les applications fournissent des estimations de tarifs avant de confirmer votre course.
4. **Caractéristiques de sécurité :** Les applications de covoiturage offrent des fonctions de sécurité telles que des informations sur le conducteur et un suivi en temps réel.

Conseils généraux pour les taxis et le covoiturage :

1. **Préparez-vous avec de l'argent liquide :** Bien que le covoiturage soit sans argent liquide, les taxis préfèrent généralement les paiements en espèces.

2. **Pourboire :** Le pourboire n'est pas obligatoire, mais il est courant d'arrondir le tarif.

3. **Attachez votre ceinture de sécurité :** Assurez-vous d'attacher votre ceinture de sécurité pour plus de sécurité.

4. **Connaissez votre destination :** Ayez votre adresse de destination écrite en chinois pour faciliter la communication.

5. **Évitez les heures de pointe :** Les taxis et les covoiturages peuvent être très demandés pendant les heures de pointe. Planifiez en conséquence.

Que vous choisissiez un taxi traditionnel ou un service de covoiturage, les deux options offrent un transport efficace et fiable à Hong Kong. Tenez compte de facteurs tels que la disponibilité, les préférences de paiement et la commodité lorsque vous choisissez entre les taxis et le covoiturage pour votre trajet en ville.

Louer une voiture

Louer une voiture à Hong Kong n'est pas aussi courant que dans d'autres destinations en raison du système de transport public bien développé de la ville, des zones urbaines compactes et de la conduite à gauche. Cependant, pour ceux qui préfèrent la flexibilité d'un véhicule privé, voici un guide pour louer une voiture à Hong Kong :

Sociétés de location de voitures :

1. **Hertz : Hertz** est une société internationale de location de voitures présente à Hong Kong. Ils offrent une variété de véhicules à louer.

2. **Avis : Avis** est une autre société internationale de location de voitures bien connue avec des services à Hong Kong. Ils fournissent une gamme de véhicules, y compris des berlines et des SUV.

3. **Europcar :** Europcar est une société mondiale de location de voitures avec des succursales à Hong Kong, offrant une sélection de voitures pour différents besoins.

4. **SIXT : SIXT** est une société internationale de location de voitures opérant à Hong Kong, fournissant une flotte de véhicules à louer.

Conditions requises pour la location d'une voiture :

1. **Permis de conduire :** Vous devez être en possession d'un permis de conduire international valide ou d'un permis de conduire délivré par un pays reconnu par Hong Kong pour la location d'une voiture.

2. **Limite d'âge :** L'âge minimum pour louer une voiture est généralement de 21 ans, et certaines sociétés de location peuvent exiger que les conducteurs aient 25 ans ou plus pour certains types de véhicules.

3. **Carte de crédit :** Une carte de crédit est généralement requise pour la transaction de location. Certaines entreprises peuvent également accepter les cartes de débit.

4. **Assurance : Les** sociétés de location de voitures offrent généralement une couverture d'assurance de base, mais vous pouvez opter pour une couverture supplémentaire pour une protection supplémentaire.

Conduire à Hong Kong :

1. **Conduite à gauche :** Hong Kong suit la conduite à gauche, ce qui peut être différent de l'orientation de la conduite dans certains pays.

2. **Règles de circulation :** Familiarisez-vous avec les règles de circulation locales, les panneaux de signalisation et les règlements.

3. **Stationnement :** Il peut être difficile de trouver des places de stationnement, en particulier dans les zones achalandées. Certains hôtels peuvent fournir des parkings.
4. **Péages :** Certaines autoroutes et tunnels peuvent avoir des péages. Assurez-vous d'avoir suffisamment d'argent liquide pour payer les péages.

Avantages et inconvénients de la location d'une voiture à Hong Kong :

Avantages:

1. **Flexibilité :** Avoir une voiture permet d'explorer des zones moins accessibles.
2. **Commodité :** La location de voiture est pratique pour ceux qui voyagent en famille ou qui transportent une quantité importante de bagages.
3. **Intimité :** Une voiture privée offre un niveau d'intimité qui peut être préféré par certains voyageurs.

Contre:

1. **Circulation et stationnement :** Hong Kong peut connaître une circulation dense et il peut être difficile de trouver une place de stationnement.

2. **Transports en commun :** Les transports en commun sont bien développés et souvent plus pratiques pour se déplacer dans la ville.

3. **Conduite** à gauche : S'adapter à la conduite à gauche peut être difficile pour ceux qui sont habitués à la conduite à droite.

Conseils pour louer une voiture à Hong Kong :

1. **Réservez à l'avance : Réservez votre voiture de location à l'avance, surtout pendant les périodes de pointe.**

2. **Comprendre le contrat de location :** Lisez les conditions générales du contrat de location, y compris la couverture d'assurance et les polices de carburant.

3. **GPS :** Envisagez de louer une voiture équipée d'un système GPS pour naviguer plus facilement dans les rues.

4. **Vérifiez s'il y a des dommages :** Avant d'accepter la voiture, inspectez-la soigneusement pour détecter tout dommage et assurez-vous qu'ils sont documentés par la société de location.

Bien que la location d'une voiture à Hong Kong ne soit peut-être pas le choix le plus courant pour se déplacer, elle peut convenir à des besoins de voyage spécifiques.

Tenez toujours compte de facteurs tels que les conditions de circulation, la disponibilité des places de stationnement et la commodité des transports en commun lorsque vous décidez de louer une voiture à Hong Kong.

Chapitre 6

Cuisines et restaurants

Les meilleurs restaurants

Hong Kong est un paradis culinaire, offrant un large éventail d'options de restauration qui mettent en valeur le riche patrimoine gastronomique de la ville. Des dim sum cantonais traditionnels à la gastronomie internationale, la scène gastronomique de Hong Kong s'adresse à tous les palais. Voici une liste des meilleurs restaurants de Hong Kong, couvrant diverses cuisines et expériences culinaires.

1. Tim Ho Wan (Magasin spécialisé DimDimSum Dim Sum)

- **Adresse : Divers** endroits, dont Sham Shui Po et North Point.
- **Cuisine:** Dim Sum
- **Vue d'ensemble :** Tim Ho Wan est réputé pour ses humbles débuts en tant que restaurant de dim sum qui a remporté une étoile Michelin. Il propose des dim sum abordables mais délicieux, avec des plats signature comme les célèbres petits pains au porc BBQ.

2. Din Tai Fung

- **Adresse :** Shop 306, 3/F, Silvercord, 30 Canton Road, Tsim Sha Tsui.
- **Cuisine :** Taïwanaise, Dim Sum
- **Vue d'ensemble :** Originaire de Taïwan, Din Tai Fung est célèbre pour ses xiao long bao (boulettes de soupe) méticuleusement élaborées. Le menu du restaurant s'étend à une variété de spécialités taïwanaises et shanghaïennes.

3. L'innovation Bo

- **Adresse :** Shop 13, 2/F, J Residence, 60 Johnston Road, Wan Chai.
- **Cuisine :** Gastronomie moléculaire, Chinoise
- **Vue d'ensemble :** Bo Innovation, dirigé par le chef innovant Alvin Leung, combine les saveurs traditionnelles chinoises avec des techniques modernes. Le résultat est une expérience culinaire avant-gardiste, avec des plats qui défient les normes culinaires.

4. Roi Poumon Heen

- **Adresse :** Four Seasons Hotel Hong Kong, 8 Finance Street, Central.
- **Cuisine :** cantonaise, Dim Sum

- **Vue d'ensemble :** En tant que premier restaurant chinois à avoir reçu trois étoiles Michelin, le Lung King Heen du Four Seasons Hotel Hong Kong est réputé pour sa cuisine cantonaise exquise et ses dim sum. Les vues sur le port ajoutent à l'expérience culinaire luxueuse.

5. Ambre

- **Adresse :** The Landmark Mandarin Oriental, 15 Queen's Road Central, Central.
- **Cuisine :** Française
- **Vue d'ensemble :** Amber, dirigé par le chef Richard Ekkebus, est un restaurant doublement étoilé au guide Michelin connu pour sa cuisine française contemporaine. Le menu sophistiqué met en valeur les meilleurs ingrédients et le savoir-faire culinaire.

6. Royaume Jumbo

- **Adresse :** Shum Wan Pier Drive, Wong Chuk Hang.
- **Cuisine :** Fruits de mer, Cantonais
- **Vue d'ensemble :** Jumbo Kingdom est un restaurant flottant emblématique avec une riche histoire. Connu pour ses plats élaborés de fruits de mer et sa cuisine cantonaise traditionnelle, il offre une expérience culinaire unique sur l'eau.

7. La Tosca d'Angelo

- **Adresse** : 102/F, The Ritz-Carlton, Hong Kong, International Commerce Centre, 1 Austin Road West, Kowloon.
- **Cuisine : Italienne**
- **Vue d'ensemble :** Situé dans le Ritz-Carlton avec une vue imprenable sur le port de Victoria, le Tosca di Angelo propose une expérience culinaire italienne raffinée. Le menu propose des saveurs italiennes authentiques élaborées avec précision.

8. Oiseau de jardin

- **Adresse :** 33-35 Bridges Street, Sheung Wan.
- **Cuisine :** Japonaise, Yakitori
- **Vue d'ensemble :** Yardbird est un restaurant de yakitori branché connu pour son atmosphère décontractée et ses brochettes alléchantes. En mettant l'accent sur l'utilisation d'ingrédients locaux de haute qualité, il est devenu un favori parmi les habitants et les visiteurs.

9. Caprice

- **Adresse :** Four Seasons Hotel Hong Kong, 8 Finance Street, Central.
- **Cuisine :** Française

- **Vue d'ensemble :** Caprice est un restaurant français trois étoiles Michelin au Four Seasons. Il offre un cadre élégant avec une carte qui célèbre les techniques culinaires françaises classiques et les ingrédients de saison.

10. Maison de thé Luk Yu

- **Adresse :** 24-26, rue Stanley, Central.
- **Cuisine :** cantonaise, Dim Sum
- **Vue d'ensemble :** La maison de thé Luk Yu est une institution historique qui sert des dim sum cantonais traditionnels depuis 1933. Le cadre charmant évoque une époque révolue, ce qui en fait un endroit populaire pour les délices classiques des dim sum.

11. Mott 32

- **Adresse :** Édifice de la Standard Chartered Bank, 4-4A des Voeux Road, Central.
- **Cuisine :** Cantonaise, Sichuan, Pékin
- **Vue d'ensemble :** Mott 32 combine des saveurs de diverses régions de Chine, offrant une version contemporaine de la cuisine chinoise. L'élégant restaurant est connu pour son canard laqué, ses dim sum et ses cocktails inventifs.

12. Le président

- **Adresse :** 18 U Fong, Central.
- **Cuisine :** Cantonaise
- **Vue d'ensemble :** Le Chairman est un restaurant étoilé au guide Michelin qui met l'accent sur les ingrédients issus de sources durables et les saveurs cantonaises traditionnelles. Le menu propose des plats classiques préparés avec une touche moderne.

13. Lune de printemps

- **Adresse :** The Peninsula Hong Kong, Salisbury Road, Tsim Sha Tsui.
- **Cuisine :** Cantonaise
- **Vue d'ensemble :** Spring Moon at The Peninsula est un restaurant élégant connu pour sa cuisine cantonaise authentique. Dans une ambiance sophistiquée, il propose une gamme de gourmandises préparées avec précision.

14. Le Tai Pan

- **Adresse :** The Murray, 22 Cotton Tree Drive, Central.
- **Cuisine :** Internationale, Cantonaise
- **Vue d'ensemble :** Le Tai Pan est situé dans The Murray, un hôtel de luxe. Il propose un menu varié

qui combine des saveurs internationales avec des influences cantonaises, le tout dans un cadre élégant et contemporain.

15. Ho Lee Fook

- **Adresse :** G/F, 1-5 Elgin Street, Soho, Central.
- **Cuisine :** Chinoise, Fusion
- **Vue d'ensemble :** Ho Lee Fook est un restaurant branché qui réunit des influences culinaires chinoises et occidentales modernes. L'atmosphère animée, les plats créatifs et le décor éclectique en font un lieu de prédilection pour les habitants et les expatriés.

Ces meilleurs restaurants représentent la diversité culinaire qui définit la scène culinaire de Hong Kong. Qu'il s'agisse d'établissements étoilés au guide Michelin ou de joyaux cachés servant des plats locaux, chaque restaurant offre une expérience culinaire unique et mémorable dans cette ville animée. Que vous soyez un fan de dim sum traditionnel, de cuisine française raffinée ou de plats fusion innovants, Hong Kong a de quoi satisfaire toutes les envies gastronomiques.

Plats traditionnels à essayer

Hong Kong possède un riche patrimoine culinaire qui mélange les saveurs traditionnelles chinoises avec des influences internationales, ce qui donne lieu à une gamme variée de plats appétissants. Voici quelques plats traditionnels de Hong Kong que vous devez essayer pour apprécier pleinement les offres culinaires de la ville :

1. Dim Sum :

- **Description :** Le Dim Sum est un classique de la cuisine cantonaise avec des bouchées de plats variés servis dans de petits paniers vapeur ou dans de petites assiettes. Les dim sum populaires comprennent les boulettes, les petits pains, les rouleaux de printemps et les rouleaux de riz.

2. Oie rôtie :

- **Description :** L'oie rôtie est un mets délicat de Hong Kong connu pour sa peau croustillante et sa viande succulente. L'oie est marinée et rôtie à la perfection, créant une délicieuse combinaison de saveurs et de textures.
- **À essayer absolument :** Yung Kee dans le centre est réputé pour son oie rôtie.

3. Soupe de nouilles wonton :

- **Description : La soupe de nouilles** wonton est un plat réconfortant composé de wontons (boulettes fourrées de crevettes ou de porc) et de fines nouilles aux œufs dans un bouillon savoureux. C'est un aliment de base de la culture des nouilles de Hong Kong.
- **À essayer absolument :** Mak's Noodle à Central est célèbre pour ses authentiques nouilles wonton.

4. Riz en pot d'argile :

- **Description : Le riz en pot d'argile est un** plat copieux où le riz est cuit dans un pot en argile avec diverses garnitures telles que des saucisses chinoises, de la charcuterie et des légumes. Le fond de la casserole développe une délicieuse couche croustillante.
- **À essayer absolument :** Le riz en terre cuite Kwan Kee à Sham Shui Po est un endroit populaire pour ce plat.

5. Pain à l'ananas (Bolo Bao) :

- **Description : Le pain à l'ananas,** ou Bolo Bao, est un petit pain sucré avec une croûte friable ressemblant à un biscuit sur le dessus, ressemblant à la texture d'un ananas. Malgré son nom, il ne contient généralement pas d'ananas.

- **À essayer absolument :** Le Kam Wah Café à Prince Edward est connu pour son pain à l'ananas classique.

6. Soupe de nouilles à la poitrine de bœuf :

- **Description :** La soupe de nouilles à la poitrine de bœuf comprend une poitrine de bœuf tendre et cuite lentement servie dans un bouillon savoureux avec des nouilles. C'est un plat réconfortant et satisfaisant.
- **À essayer absolument :** Le restaurant Kau Kee à Central est réputé pour ses nouilles à la poitrine de bœuf.

7. Nouilles de riz plates sautées (Char Kway Teow) :

- **Description :** Les nouilles de riz plates sautées, connues sous le nom de Char Kway Teow en cantonais, sont un aliment de rue populaire. Il s'agit de faire sauter des nouilles de riz plates avec de la sauce soja, des légumes et un choix de protéines.

8. Thé au lait de Hong Kong :

- **Description :** Le thé au lait de Hong Kong est un thé noir fort, onctueux et crémeux sucré avec du lait concentré. C'est une boisson très appréciée à tout moment de la journée.

- **À essayer absolument :** Lan Fong Yuen, dans le centre, est célèbre pour son thé au lait de Hong Kong.

9. Canard laqué :

- **Description :** Le canard laqué est un plat de canard rôti croustillant servi avec de fines crêpes, de la sauce hoisin et des oignons verts tranchés. Bien qu'il soit originaire du nord de la Chine, il est largement apprécié à Hong Kong.
- **À essayer absolument :** le cerf de printemps à Tsim Sha Tsui est réputé pour son canard laqué.

10. Boulettes de crevettes et de poulet (Har Cheong Gai) :

- **Description :** Les boulettes de crevettes et de poulet, également connues sous le nom de Har Cheong Gai, sont une collation cantonaise populaire. Ce sont des boulettes frites remplies d'un mélange de crevettes et de poulet haché.

11. Poulet à la sauce soja (Si Yau Gai) :

- **Description :** Le poulet à la sauce soja est un plat cantonais classique où le poulet est mariné, puis cuit dans un savoureux mélange de sauce soja jusqu'à ce qu'il soit tendre et succulent.

- **À essayer absolument :** La viande rôtie Joy Hing à Wan Chai est célèbre pour son poulet à la sauce soja.

Ces plats traditionnels résument les saveurs et la créativité culinaire qui rendent la scène culinaire de Hong Kong si dynamique. Que vous exploriez les marchés de rue locaux ou que vous dîniez dans des restaurants renommés, ces plats offrent un délicieux voyage à travers les saveurs uniques du patrimoine culinaire de Hong Kong.

De la street food à essayer

La scène vibrante de la cuisine de rue de Hong Kong est une aventure culinaire qui ne demande qu'à être explorée. Des bouchées salées aux friandises sucrées, les rues de la ville sont bordées d'étals et de vendeurs offrant un large éventail de saveurs. Voici quelques plats de rue incontournables à Hong Kong qui capturent l'essence des délices culinaires locaux :

1. Boulettes de poisson (nuit Yun) :

- **Description :** Les boulettes de poisson sont une collation de rue populaire et emblématique de Hong Kong. Ces boulettes de pâte de poisson rebondissantes sont souvent servies sur des brochettes et peuvent être dégustées avec diverses sauces, notamment le curry et le piment doux.

2. Gaufres aux œufs (Gai Daan Jai) :

- **Description :** Les gaufres aux œufs, également connues sous le nom de Gai Daan Jai, sont des gaufres sucrées aux œufs avec un extérieur croustillant et un intérieur moelleux. Ils se présentent sous la forme d'une bulle et sont un délicieux régal de rue, souvent trouvé dans les quartiers animés.

3. Nuances de tofu (Chou Doufu) :

- **Description :** Le tofu puant est un tofu fermenté connu pour son arôme piquant. Malgré sa forte odeur, le goût est savoureux et savoureux. Il est généralement frit et servi avec des légumes marinés.

4. Boulettes de poisson au curry :

- **Description : Les boulettes de poisson au curry** sont un classique de la cuisine de rue de Hong Kong avec des boulettes de poisson trempées dans une sauce au curry savoureuse et légèrement épicée. La combinaison des saveurs est à la fois réconfortante et satisfaisante.

5. Siu Mai (Shumai) :

- **Description :** Les Siu Mai, ou Shumai, sont des boulettes cuites à la vapeur à dessus ouvert remplies d'un mélange de porc, de crevettes et d'autres ingrédients. Ils sont souvent dégustés avec un accompagnement de sauce soja et de piment.

6. Cheong Fun (rouleaux de nouilles de riz) :

- **Description :** Cheong Fun est une collation de rue populaire composée de rouleaux de nouilles de riz soyeux remplis d'ingrédients tels que des crevettes, du bœuf ou du char siu (porc barbecue). Ils sont arrosés d'une sauce sucrée à base de soja.

7. Tarte aux œufs à la hongkongaise :

- **Description :** Les tartelettes aux œufs de style hongkongais sont un dessert bien-aimé avec une croûte feuilletée et beurrée et une garniture crémeuse à la crème pâtissière aux œufs. On les trouve dans les boulangeries et les étals de rue de la ville.

8. Boule de sésame (Jin Deui) :

- **Description : Les boules de sésame,** également connues sous le nom de Jin Deui, sont des boulettes de riz gluant frites enrobées de graines de sésame. Ils peuvent être remplis de diverses garnitures sucrées comme la pâte de haricots rouges ou la pâte de lotus.

9. Seiche grillée (juive de Yau Yu) :

- **Description :** La seiche grillée est un aliment de rue populaire que l'on trouve souvent sur les marchés en plein air. La seiche est marinée, grillée à la perfection et servie avec un filet de sauce soja.

10. Pudding au tofu (Douhua) :

- **Description : Le** pudding au tofu, ou Douhua, est un dessert soyeux et onctueux à base de tofu mou. Il est souvent servi avec diverses garnitures telles que de la pâte de haricots rouges, des cacahuètes et du sirop sucré.

11. Pain à l'ananas au beurre (Bolo Bao) :

- **Description :** Le petit pain à l'ananas au beurre, ou Bolo Bao, est un petit pain sucré avec une croûte friable ressemblant à un biscuit sur le dessus, généralement servi avec une plaque de beurre au milieu.

12. Boulettes de riz gluant frites (Ham Sui Gok) :

- **Description :** Les boulettes de riz gluant frites, ou Ham Sui Gok, sont des boulettes frites à base de farine de riz gluant et remplies d'ingrédients savoureux comme du porc haché, des champignons et parfois, un jaune d'œuf salé.

13. Châtaignes grillées :

- **Description :** Les châtaignes grillées sont un aliment de rue courant pendant les mois les plus froids. Les vendeurs font griller des châtaignes sur des flammes nues, conférant une saveur fumée à ces collations chaudes et nutritives.

14. Tentacules de calmar frits :

- **Description :** Les tentacules de calmar frits sont une collation populaire dans la cuisine de rue. Les tentacules sont panés et frits jusqu'à obtenir une texture croustillante, ce qui en fait une friandise délicieuse et savoureuse.

Conseils pour profiter de la cuisine de rue à Hong Kong :

- **Explorez les marchés nocturnes : La nourriture de rue est souvent plus abondante dans les marchés nocturnes tels que le marché nocturne de Temple Street, le marché de rue Mong Kok et le marché des dames.**
- **L'argent liquide est roi :** La plupart des vendeurs de rue préfèrent l'argent liquide, il est donc conseillé de porter de petites coupures.
- **Faites la queue judicieusement :** Une longue file d'attente est souvent le signe d'une cuisine de rue savoureuse. Les habitants savent où se trouvent les meilleurs restaurants, alors n'hésitez pas à vous joindre à la file.
- **Expérimentez avec des condiments : Essayez la** cuisine de rue avec divers condiments comme la sauce chili, la sauce soja ou la sauce hoisin pour rehausser les saveurs.

Explorer la cuisine de rue de Hong Kong n'est pas seulement une expérience culinaire, mais aussi une immersion dans la culture de rue dynamique de la ville. Que vous vous promeniez dans les marchés animés ou que vous vous promeniez dans les ruelles étroites, vous rencontrerez un éventail alléchant de saveurs qui mettent en valeur la diversité et la richesse de la scène culinaire de Hong Kong.

Chapitre 7

Activités de plein air

Hong Kong, avec ses paysages naturels époustouflants et ses espaces urbains bien développés, offre une pléthore d'activités de plein air pour les habitants et les visiteurs. Des sentiers de randonnée avec des vues à couper le souffle aux aventures aquatiques et aux parcs de loisirs, voici quelques activités de plein air à pratiquer à Hong Kong :

1. Randonnée pédestre :

- **Sentiers populaires :**
  - **Dragon's Back :** Connu pour ses vues panoramiques sur la mer de Chine méridionale et ses paysages luxuriants.
  - **Lion Rock :** Offre des randonnées difficiles et une vue imprenable sur Kowloon et l'île de Hong Kong.
  - **Lantau Peak :** Le deuxième plus haut sommet de Hong Kong, offrant une vue imprenable sur l'île de Lantau.

2. Journées à la plage :

- **Repulse Bay :** Une plage populaire avec du sable doré, des eaux claires et une atmosphère détendue.

- **Plage de Shek O :** Connue pour son cadre pittoresque, c'est un endroit idéal pour les sports nautiques et les pique-.
- **Big Wave Bay :** Célèbre pour sa scène de surf et son magnifique littoral.

3. Cyclisme :

- **Piste cyclable de Tolo Harbour :** Une piste cyclable pittoresque le long du port de Tolo, qui traverse New Territories.
- **Île de Cheung Chau :** Explorez l'île à vélo, en profitant de la vue sur la côte et des attractions locales.
- **Île de Lamma :** Faites le tour de cette île tranquille, connue pour ses villages de pêcheurs et ses sentiers de randonnée.

4. Escalade :

- **Tung Lung Chau :** Un endroit populaire pour les amateurs d'escalade, offrant des falaises et des voies difficiles.
- **Shek O :** Connu pour ses options d'escalade de bloc et d'escalade en bord de mer.

5. Activités nautiques :

- **Kayak à Sai Kung :** Explorez la magnifique péninsule de Sai Kung en faisant du kayak dans ses eaux pittoresques.
- **Wakeboard à Deep Water Bay :** Profitez du wakeboard avec en toile de fond de superbes paysages côtiers.

6. Cours de yoga en plein air :

- **Description :** Participez à des cours de yoga en plein air offerts dans les parcs ou sur la plage, combinant exercice et relaxation.

Conseils pour les activités de plein air à Hong Kong :

- **Vérifiez les conditions météorologiques : La** météo de Hong Kong peut varier, alors vérifiez les prévisions avant de planifier des activités de plein air.
- **Restez hydraté :** Surtout pendant les randonnées et les aventures en plein air, emportez suffisamment d'eau.
- **Chaussures confortables :** Portez des chaussures confortables adaptées à la marche ou à la randonnée.
- **Protection solaire :** Utilisez un écran solaire, des chapeaux et des lunettes de soleil pour vous protéger du soleil.

- **Respectez l'environnement : Suivez les** principes Sans Trace et respectez la faune et la flore locales.

Que vous soyez à la recherche d'aventures pleines d'adrénaline ou de retraites naturelles sereines, les diverses offres de plein air de Hong Kong répondent à toutes les préférences. Qu'il s'agisse de parcs urbains ou de sentiers de randonnée pittoresques, les activités de plein air de la ville offrent un mélange unique de nature et de vie urbaine.

Souvenirs populaires à obtenir

Hong Kong offre une variété de souvenirs uniques et culturellement riches qui capturent l'essence du style de vie et du patrimoine dynamiques de la ville. De l'artisanat traditionnel aux créations modernes, voici quelques souvenirs populaires à envisager de rapporter de Hong Kong :

1. Thé chinois :

- **Description :** Hong Kong est réputée pour sa sélection diversifiée de thés chinois de haute qualité. Envisagez d'acheter des thés traditionnels comme le thé Pu-erh, Oolong ou Jasmine dans les magasins de thé spécialisés.

2. Marchandise sur le thème des Dim Sum :

- **Description :** Recherchez de charmants souvenirs sur le thème des dim sum, tels que des porte-clés, des aimants ou des torchons à l'effigie d'objets emblématiques des dim sum comme des boulettes et des petits pains.

3. Produits en soie chinois :

- **Description :** La soie est un tissu traditionnel chinois, et vous pouvez trouver une gamme de produits en soie tels que des foulards, des cravates et des vêtements. Recherchez des articles avec des broderies complexes.

4. Œuvre d'art de calligraphie chinoise :

- **Description :** La calligraphie est une ancienne forme d'art chinoise. Achetez des caractères chinois magnifiquement écrits ou des œuvres d'art de calligraphie personnalisées comme souvenir unique et culturellement riche.

5. Lanternes :

- **Description :** Les lanternes décoratives, souvent en soie ou en papier, sont un symbole de la culture traditionnelle chinoise. Ils sont disponibles en différentes tailles et conceptions, ce qui en fait un souvenir visuellement attrayant.

6. Bijoux de jade :

- **Description : Le** jade a une valeur culturelle importante dans les traditions chinoises. Envisagez d'acheter des bijoux en jade, tels que des bracelets, des colliers ou des pendentifs, pour leur beauté et leur symbolisme.

7. Baguettes chinoises :

- **Description :** Elégant et pratique, un ensemble de baguettes chinoises constitue un souvenir traditionnel et fonctionnel. Recherchez des baguettes fabriquées à partir de matériaux comme le bambou, le bois ou même le jade.

8. Articles Feng Shui :

- **Description : Les** objets Feng Shui, tels que les petites statues, les cristaux ou les figurines, sont censés apporter de la chance et de l'énergie positive. Ils font des souvenirs attentionnés et significatifs.

9. Fans chinois :

- **Description : Les** ventilateurs portatifs, souvent en soie ou en papier, sont à la fois pratiques et décoratifs. Ils se déclinent en différents modèles, y compris des motifs chinois traditionnels et des motifs contemporains.

10. Broderie chinoise :

- **Description :** Des objets finement brodés comme des mouchoirs, des nappes ou des tentures murales mettent en valeur l'art de la broderie chinoise. Ces pièces présentent souvent des motifs colorés et détaillés.

11. Ensembles de Mahjong :

- **Description :** Le Mahjong est un jeu traditionnel chinois populaire. Achetez un ensemble de mahjong magnifiquement conçu comme souvenir unique et culturellement significatif.

12. Collations à la hongkongaise :

- **Description :** Ramenez des collations locales telles que des pâtés impériaux, des petits pains à l'ananas ou des sachets de thé au lait à la mode de Hong Kong. Ces souvenirs comestibles sont à la fois délicieux et représentatifs des saveurs locales.

13. Vêtements traditionnels chinois :

- **Description : Les** robes Cheongsam (Qipao) ou chemises à col mao sont des vêtements traditionnels chinois qui constituent des souvenirs élégants et culturellement riches.

14. Marchandise de la ligne d'horizon de Hong Kong :

- **Description :** Recherchez des souvenirs représentant la ligne d'horizon emblématique de Hong Kong, tels que des cartes postales, des affiches ou des objets décoratifs. Ceux-ci mettent souvent en valeur des points de repère comme le port de Victoria et la ligne d'horizon.

15. Fournitures d'art traditionnel chinois :

- **Description :** Pour les amateurs d'art, pensez à acheter des fournitures d'art traditionnelles chinoises telles que des pinceaux, des bâtonnets d'encre ou du papier de riz. Ces éléments sont à la fois pratiques et importants sur le plan culturel.

Conseils pour acheter des souvenirs à Hong Kong :

- **Faites du shopping sur les marchés locaux :** Visitez des marchés comme le Ladies' Market, le Stanley Market ou le Temple Street Night Market pour une grande variété de souvenirs.

- **Marchander sur les marchés :** La négociation est courante sur les marchés de Hong Kong, alors n'hésitez pas à négocier les prix.

- **Vérifiez l'authenticité : Lorsque vous achetez des** articles comme le jade ou la soie, achetez dans des magasins réputés pour garantir l'authenticité.

- **Emballage et transport : Tenez compte de la taille et de** la fragilité de vos souvenirs lors de l'achat et prévoyez leur transport en toute sécurité.

Ces souvenirs servent non seulement de souvenirs de votre séjour à Hong Kong, mais reflètent également le riche patrimoine culturel de la ville. Que vous préfériez l'artisanat traditionnel ou les designs contemporains, il existe un large éventail d'options pour tous les goûts.

Quartiers commerçants haut de gamme

Hong Kong est réputée pour sa scène de shopping haut de gamme, avec des marques internationales haut de gamme, des boutiques de luxe et des marques de créateurs. Voici quelques-uns des meilleurs quartiers commerçants haut de gamme de la ville, où vous pourrez vous adonner à une thérapie de shopping de luxe :

1. Centrale :

- **Description :** Central est le quartier central des affaires de Hong Kong et une destination de shopping de premier plan. Le quartier abrite des magasins phares de luxe, des boutiques de mode haut de gamme et des marques de créateurs internationaux. Landmark Hong Kong, un prestigieux centre commercial, est situé dans le centre et abrite de nombreuses marques de luxe.

2. Baie de la Chaussée des Géants :

- **Description :** Causeway Bay est un quartier commerçant animé avec une atmosphère vibrante. Times Square, l'un des principaux centres commerciaux de Hong Kong, s'y trouve et propose un éventail de marques de luxe, de grands magasins haut de gamme et de boutiques branchées. Le grand magasin Sogo à Causeway Bay est une autre destination populaire pour le shopping haut de gamme.

3. Tsim Sha Tsui :

- **Description :** Tsim Sha Tsui, situé à Kowloon, est connu pour ses boutiques de luxe le long de Nathan Road et de Canton Road. Harbor City, l'un des plus grands complexes commerciaux de Hong Kong, est situé à Tsim Sha Tsui et propose un large choix de marques de mode et de style de vie haut de gamme.

4. Place du Pacifique :

- **Description :** Pacific Place est un complexe commercial et de divertissement haut de gamme situé à Admiralty. Il abrite une sélection de boutiques de luxe, de magasins de créateurs et de marques haut de gamme. Le centre commercial offre une expérience de magasinage sophistiquée dans un cadre contemporain.

5. Jardins de Lee :

- **Description :** Lee Gardens est une destination de shopping de luxe à Causeway Bay, avec une collection de boutiques haut de gamme, de magasins de créateurs et de points de vente phares. Il propose un mélange de marques de luxe internationales et locales.

6. **Éléments :**

- **Description : Situé à West Kowloon** , Elements est un grand centre commercial relié à la gare de Kowloon. Il dispose d'une zone de luxe connue sous le nom de « Metal Zone », où vous pouvez trouver une gamme de marques haut de gamme, de mode de créateurs et de produits de style de vie haut de gamme.

7. **Ville portuaire :**

- **Description :** En tant que l'un des plus grands centres commerciaux de Hong Kong, Harbour City à Tsim Sha Tsui abrite une pléthore de boutiques de luxe, de magasins phares et de marques de créateurs. Il surplombe le port de Victoria, offrant une toile de fond magnifique pour votre expérience de magasinage.

8. **Le point de repère :**

- **Description :** The Landmark, situé dans le centre, est un centre commercial haut de gamme qui s'adresse aux acheteurs exigeants. Il abrite une collection de marques internationales prestigieuses, des boutiques de mode exclusives et des établissements de restauration haut de gamme.

9.1881 Patrimoine :

- **Description :** 1881 Heritage, situé à Tsim Sha Tsui, est un bâtiment historique transformé en complexe commercial. Il abrite des marques de luxe, des boutiques de créateurs et des restaurants haut de gamme dans un cadre architectural charmant.

10. Avenue Lee Tung :

- **Description :** L'avenue Lee Tung, dans le quartier de Wan Chai, est connue pour son architecture de style européen et ses boutiques haut de gamme. On y trouve des marques de luxe, des boutiques de mode et des magasins de style de vie.

Ces quartiers commerçants haut de gamme de Hong Kong s'adressent à ceux qui recherchent des produits de luxe et de créateurs, offrant une expérience de vente au détail de classe mondiale au milieu de l'atmosphère dynamique et cosmopolite de la ville.

Meilleurs marchés

Les marchés animés de Hong Kong sont un festin sensoriel, offrant un éventail de produits, de saveurs locales et un aperçu de la culture dynamique de la ville. Des marchés de rue traditionnels aux marchés nocturnes animés, ces marchés ne sont pas seulement des lieux de shopping, mais des expériences immersives qui mettent en valeur la diversité de Hong Kong. Ici, nous explorons quelques-uns des meilleurs marchés de la ville, chacun avec son charme et ses offres uniques.

1. Marché des dames :

- **Lieu :** Rue Tung Choi, Mong Kok
- **Description :** Un marché animé connu pour son atmosphère vibrante et une pléthore d'étals proposant des vêtements, des accessoires, des jouets et des souvenirs à la mode. Malgré son nom, le marché s'adresse à tous les sexes et à tous les âges. La négociation est une pratique courante ici, ce qui ajoute à l'excitation de l'expérience d'achat.

2. Marché nocturne de Temple Street :

- **Lieu : Rue** du Temple, Yau Ma Tei
- **Description :** L'un des marchés nocturnes les plus célèbres de Hong Kong, Temple Street s'anime après le coucher du soleil. Des étals bordent les rues,

offrant de tout, de l'électronique aux vêtements en passant par les antiquités et les services de divination. C'est un endroit fantastique pour s'imprégner de l'atmosphère locale, assister à des spectacles de rue et savourer une délicieuse cuisine de rue.

3. Marché aux fleurs de Mong Kok :

- **Lieu :** Route du marché aux fleurs, Mong Kok
- **Description :** Une débauche de couleurs et de parfums, le marché aux fleurs de Mong Kok est un paradis floral. C'est l'endroit idéal pour une vaste sélection de fleurs, de plantes et d'accessoires de jardinage. Que vous soyez un passionné de plantes ou simplement à la recherche d'un éclat de nature en ville, ce marché est un délice visuel.

4. Marché de Jade :

- **Lieu :** Rue Kansu, Jordanie
- **Description : Le marché de jade** est un trésor pour les amateurs de jade et ceux qui recherchent des souvenirs uniques. Des bijoux en jade finement sculptés aux figurines et aux ornements, le marché propose une large gamme d'articles en jade à différents prix. La négociation est attendue, alors perfectionnez vos compétences en négociation.

5. Marché Stanley :

- **Lieu :** Stanley, île de Hong Kong
- **Description :** Niché dans la pittoresque ville balnéaire de Stanley, ce marché est un favori parmi les habitants et les touristes. Connu pour son ambiance détendue, le marché Stanley propose des étals vendant des vêtements, des accessoires et des objets d'art et d'artisanat uniques. Après avoir fait du shopping, explorez les plages voisines, la promenade du front de mer et les restaurants.

6. Marché aux puces de la rue Apliu :

- **Lieu : Rue** Apliu, Sham Shui Po
- **Description : Paradis** pour les passionnés de technologie et les chasseurs de bonnes affaires, le marché aux puces d'Apliu Street est spécialisé dans l'électronique, les gadgets et les articles d'occasion. C'est un endroit fascinant pour explorer des appareils photo vintage, des équipements audio et un assortiment d'articles liés à la technologie. Le marché reflète la culture technophile de Hong Kong.

7. Marché aux poissons rouges :

- **Lieu :** Rue Tung Choi Nord, Mong Kok
- **Description :** Plongez dans le monde aquatique au marché aux poissons rouges, où les boutiques

bordent la rue avec des réservoirs remplis de poissons colorés, de tortues et d'autres créatures aquatiques. C'est un marché unique et visuellement captivant qui s'adresse aux amateurs d'aquariophilie et à ceux qui recherchent des ajouts vivants à leur maison.

8. Rue des fruits de mer séchés (Sheung Wan) :

- **Location:** Des Voeux Road West, Sheung Wan
- **Description :** Plongez dans le monde aromatique des fruits de mer séchés sur ce marché de Sheung Wan. Du poisson séché à l'ormeau en passant par les herbes médicinales, le marché offre un aperçu des pratiques culinaires et médicinales traditionnelles chinoises. Explorez les ruelles étroites pour découvrir des joyaux cachés.

9. Rue Cat (Upper Lascar Row) :

- **Lieu :** Sheung Wan
- **Description :** Cat Street, ou Upper Lascar Row, est un paradis pour les amateurs d'antiquités. Explorez les charmantes boutiques et étals proposant une variété d'antiquités, de curiosités et d'articles vintage. De la porcelaine chinoise aux affiches rétro, le marché est un trésor d'artefacts historiques.

10. Marché de rue Wan Chai :

- **Lieu :** Queen's Road East, Wan Chai
- **Description : Le marché de** rue de Wan Chai est un marché humide traditionnel où les habitants achètent des produits frais, des fruits de mer et de la viande. Il offre un aperçu authentique de la vie quotidienne à Hong Kong. L'atmosphère animée, les couleurs vives et la diversité des produits en font une visite incontournable pour ceux qui s'intéressent à la culture locale.

11. Marché de la ville de Kowloon :

- **Lieu :** Nga Tsin Wai Road, ville de Kowloon
- **Description :** Connu pour sa sélection variée de produits frais, de viandes et de fruits de mer, le marché de la ville de Kowloon est un lieu de prédilection pour les habitants pour faire leurs courses. L'authenticité du marché et la disponibilité d'ingrédients rares en font un joyau caché pour les amateurs de cuisine et les cuisiniers amateurs.

12. Marché de la rue Graham :

- **Lieu :** rue Graham, Central
- **Description :** Graham Street Market est l'un des plus anciens marchés de Hong Kong, offrant un mélange de produits frais, de viandes et de produits secs. C'est

un endroit idéal pour découvrir le mode de vie local, et les environs sont parsemés de charmants cafés et restaurants.

13. Route de la mode Cheung Sha Wan :

- **Lieu :** Cheung Sha Wan Road, Sham Shui Po
- **Description :** Ce marché est un paradis pour les fashionistas à la recherche de tissus, de textiles et d'accessoires. Cheung Sha Wan Fashion Road est l'endroit où de nombreux designers locaux s'approvisionnent en matériaux pour leurs créations. Plongez dans l'univers vibrant des tissus et de la mode dans ce quartier animé.

14. Marché d'aliments frais de North Point :

- **Lieu :** Java Road, North Point
- **Description :** Ce marché est une plaque tournante pour les produits frais, les fruits de mer et les spécialités locales. Promenez-vous dans les allées pour admirer les couleurs vibrantes des fruits et légumes, et savourez les saveurs authentiques des offres culinaires de Hong Kong.

15. Rue Wing Wo (rue antique) :

- **Lieu :** Rue Wing Wo, Sheung Wan
- **Description :** Également connue sous le nom de rue des antiquités, la rue Wing Wo est bordée de

boutiques proposant un large éventail d'antiquités, notamment des meubles, des céramiques et des objets de collection vintage. C'est un paradis pour les collectionneurs et ceux qui recherchent des pièces uniques et historiques.

Sur les marchés de Hong Kong, l'énergie vibrante, les arômes riches et les offres variées créent une expérience immersive qui va au-delà du shopping. Que vous soyez à la recherche de souvenirs uniques, de produits frais ou d'un avant-goût de la culture locale, ces marchés offrent un kaléidoscope d'expériences qui reflètent l'essence dynamique de la ville.

Conseils d'achat

Faire du shopping à Hong Kong peut être une expérience passionnante, avec une pléthore de marchés, de centres commerciaux et de boutiques proposant tout, de l'artisanat traditionnel à la mode haut de gamme. Pour tirer le meilleur parti de votre aventure de magasinage, tenez compte de ces conseils :

Conseils généraux d'achat :

1. **Négociez intelligemment :**

- La négociation est courante sur les marchés, mais peut ne pas être aussi acceptable dans les magasins haut de gamme. Faites preuve de discrétion et de politesse lors de la négociation des prix.

2. **L'argent comptant est préférable :**

- Alors que les cartes de crédit sont largement acceptées dans les centres commerciaux et les grands magasins, les petits marchés et les vendeurs de rue préfèrent souvent l'argent comptant. Assurez-vous d'avoir des coupures plus petites pour faciliter les transactions.

3. **Magasinez hors taxe :**

- Les touristes ont droit à des remboursements de taxes sur certains achats. Recherchez les magasins affichant une affiche « Global Blue » ou une enseigne similaire de magasinage hors taxe, et conservez vos reçus.

4. **Comprendre le dimensionnement :**

- Les tailles de vêtements peuvent varier, il est donc conseillé d'essayer les articles avant de les acheter. Gardez à l'esprit que les tailles asiatiques peuvent différer de celles des pays occidentaux.

Conseils pour faire ses courses au marché :

6. **Apportez de petites coupures :**

- Lorsque vous magasinez dans des marchés où la négociation est courante, le fait d'avoir des factures plus petites peut rendre les transactions plus fluides.

7. **Inspecter avant d'acheter :**

- Examinez attentivement les articles, surtout si vous achetez des antiquités ou des produits faits à la main. Vérifiez la qualité, l'authenticité et tout dommage potentiel.

8. **Comparer les prix :**

- Explorez les différents étals des marchés avant de faire un achat. Les prix peuvent varier et vous pouvez trouver le même article à un tarif plus avantageux.

9. **Méfiez-vous des pickpockets :**

- Les marchés, en particulier ceux qui sont bondés, peuvent être des cibles pour les pickpockets. Gardez vos effets personnels en sécurité et envisagez d'utiliser une ceinture porte-billets ou un sac à bandoulière.

Conseils de magasinage dans les centres commerciaux :

10. **Profitez des soldes :**

- Hong Kong a différentes saisons de vente, et de nombreux centres commerciaux offrent des réductions pendant ces périodes. Vérifiez les événements de vente, en particulier pendant les grandes vacances.

11. **Explorez les designers locaux :**

- Hong Kong peut se targuer d'avoir une scène de design locale florissante. Explorez les boutiques et les concept shops pour découvrir des articles uniques de créateurs locaux.

Conseils pour faire du shopping de luxe :

12. **Vérifiez les achats hors taxes :**

- Certains magasins haut de gamme proposent des achats hors taxes, ce qui permet de faire des économies sur les articles de luxe.

13. **Renseignez-vous sur les services VIP :**

- De nombreux magasins de luxe offrent des services personnalisés aux clients VIP. Renseignez-vous sur ces services, qui peuvent inclure des séances de shopping privées et des avant-premières exclusives.

14. **Tenez compte des limites douanières :**

- Si vous effectuez des achats de luxe importants, soyez conscient des limites douanières pour le rapatriement des articles dans votre pays d'origine afin d'éviter tout problème.

Conseils supplémentaires :

15. **Demandez des recommandations aux habitants :**

- Les habitants connaissent souvent les meilleurs endroits pour acheter des articles spécifiques. N'hésitez pas à demander des recommandations pour découvrir des trésors cachés.

16. **Apportez un sac réutilisable :**

- Transporter un petit sac réutilisable pliable peut être pratique, en particulier dans les marchés où les sacs en plastique ne sont pas fournis.

17. **Hydratez-vous :**

- Faire du shopping peut être fatigant, surtout dans les marchés animés. Emportez une bouteille d'eau et restez hydraté tout au long de la journée.

18. **Gardez l'esprit ouvert :**

- Hong Kong offre une expérience d'achat diversifiée. Saisissez l'occasion de découvrir des articles traditionnels et contemporains, et soyez ouvert à essayer quelque chose de nouveau.

En gardant ces conseils à l'esprit, vous serez bien préparé à naviguer dans la scène commerciale dynamique de Hong Kong et à tirer le meilleur parti de vos aventures de vente au détail dans cette ville animée.

Vie nocturne

La vie nocturne de Hong Kong est dynamique, diversifiée et palpitante, offrant quelque chose pour tout le monde, des marchés nocturnes animés aux stands de nourriture de rue. Que vous préfériez une soirée décontractée au bord de l'eau ou une soirée dansante dans les quartiers animés de la ville, la vie nocturne de Hong Kong a tout pour plaire. Voici un guide pour découvrir le meilleur de Hong Kong après la tombée de la nuit :

1. Quartier de Soho :

- **Description :** Adjacent à Lan Kwai Fong, Soho est connu pour ses restaurants chics et son atmosphère animée. C'est un endroit idéal pour explorer diverses options culinaires et déguster des cocktails dans les bars sur les toits. Soho a une ambiance plus détendue par rapport à l'énergique LKF.

2. Terrasse de Knutsford :

- **Description :** Niché à Tsim Sha Tsui, Knutsford Terrace est un joyau caché connu pour sa rangée de bars et ses restaurants en plein air. La terrasse offre une atmosphère décontractée avec une variété de cuisines internationales et de points d'eau.

3. Concevez la promenade Sha Tsui :

- **Description :** Pour une soirée plus détendue, promenez-vous le long de la promenade Tsim Sha

Tsui. Profitez d'une vue imprenable sur le port de Victoria, les toits de l'île de Hong Kong et le spectacle Symphony of Lights à 20h00.

4. Marché nocturne de Temple Street :

- **Description :** Bien qu'il s'agisse principalement d'un marché, Temple Street s'anime la nuit. Promenez-vous dans les étals illuminés du marché, assistez à des spectacles de rue et savourez la cuisine de rue locale. C'est un excellent endroit pour une soirée tranquille.

5. Toit du centre commercial Oriental 188 :

- **Description :** Rendez-vous sur le toit du centre commercial Oriental 188 à Wan Chai pour une atmosphère détendue mais vibrante. C'est un endroit populaire pour prendre un verre entre amis tout en admirant le paysage urbain environnant.

6. Disneyland de Hong Kong :

- **Description :** Disneyland n'est pas seulement pour s'amuser en journée. Le parc accueille souvent des événements nocturnes spéciaux, notamment des feux d'artifice et des fêtes à thème. Consultez l'horaire pour connaître les options de divertissement en soirée.

7. Courses de chevaux à Happy Valley :

- **Description : Vivez** le frisson des courses de chevaux à l'hippodrome de Happy Valley. Les courses ont généralement lieu le soir et l'ambiance est animée avec des spectateurs enthousiastes.

8. Dim Sum de fin de soirée à la maison de thé Lin Heung :

- **Description :** Pour une expérience de vie nocturne unique, rendez-vous au salon de thé Lin Heung dans le centre. Ce salon de thé traditionnel est connu pour servir des dim sum jusqu'aux petites heures du matin.

Conseils pour profiter de la vie nocturne de Hong Kong :

- **Code vestimentaire :** De nombreux lieux haut de gamme ont des codes vestimentaires, il est donc conseillé de vérifier à l'avance et de s'habiller en conséquence.
- **Transport :** Planifiez votre transport à l'avance, surtout si vous explorez différents quartiers. Les transports en commun de Hong Kong, y compris le MTR et les bus, sont pratiques et bien desservis.
- **Soyez ouvert à la diversité :** La vie nocturne de Hong Kong s'adresse à une foule diversifiée. Saisissez

l'occasion de rencontrer des personnes de cultures et d'horizons différents.

- **Vérifiez les événements :** Hong Kong accueille divers événements, fêtes et soirées à thème. Consultez les listes d'événements et les promotions pour améliorer votre expérience de la vie nocturne.

Que vous soyez à la recherche d'une soirée sophistiquée dans un bar sur le toit, de danser toute la nuit dans un club branché ou de profiter d'une promenade tranquille le long de la promenade, la vie nocturne de Hong Kong a quelque chose pour tous les goûts. L'énergie et la diversité de la ville s'animent après la tombée de la nuit, créant des expériences mémorables pour les habitants et les visiteurs.

Conclusion

En conclusion, Hong Kong est une destination dynamique et aux multiples facettes qui mêle harmonieusement tradition et modernité, créant une expérience captivante pour les voyageurs. Des gratte-ciel imposants qui définissent sa ligne d'horizon emblématique aux joyaux cachés nichés dans ses quartiers historiques, Hong Kong offre une multitude d'attractions et d'activités qui répondent à divers intérêts.

Le riche patrimoine culturel de la ville est évident dans ses marchés traditionnels, ses temples anciens et ses festivals animés. Les visiteurs peuvent s'immerger dans les scènes de rue animées de lieux comme le marché des dames, explorer la sérénité du temple Wong Tai Sin ou participer à la grandeur des célébrations comme la fête de la mi-automne.

Au-delà de son offre culturelle, Hong Kong est un paradis pour les amateurs de gastronomie. Le paysage culinaire de la ville est une délicieuse fusion de saveurs, allant des délices de la cuisine de rue comme les gaufres aux œufs et les boulettes de poisson aux expériences culinaires étoilées au Michelin. Que vous vous adonniez à un festin de dim sum ou que vous savouriez les créations innovantes de chefs locaux, Hong Kong est un paradis pour les aventures gastronomiques.

Les amateurs de plein air peuvent explorer les sentiers de randonnée pittoresques de la ville, se détendre sur ses plages pittoresques ou se lancer dans un voyage vers les îles périphériques. La juxtaposition de la nature et de l'urbanité est saisissante, offrant un mélange unique de paysages au sein d'une métropole animée.

La vie nocturne de Hong Kong est une fête en soi, avec des quartiers comme Lan Kwai Fong et Soho qui vibrent d'énergie. Des bars branchés sur les toits avec vue panoramique aux boîtes de nuit légendaires avec des DJ de classe mondiale, la ville s'anime après le coucher du soleil, offrant une variété d'options pour ceux qui recherchent le divertissement et la socialisation.

Les aspects pratiques, tels que les exigences en matière de visa, le transport et l'hébergement, sont intégrés de manière transparente dans l'expérience du visiteur. La navigation dans la ville est facilitée par un système de transport public efficace, offrant un accès facile à la myriade d'attractions réparties sur l'île de Hong Kong et à Kowloon.

En s'aventurant hors des sentiers battus, les voyageurs découvriront des joyaux cachés, des informations locales et la chaleur des habitants de Hong Kong. L'essence de la ville réside non seulement dans ses monuments emblématiques, mais aussi dans les moments quotidiens, qu'il s'agisse de siroter un thé au lait dans un cha chaan teng local ou de flâner dans les rues historiques de Sheung Wan.

Essentiellement, Hong Kong invite à l'exploration, promettant une mosaïque d'expériences qui répondent à un large éventail d'intérêts. Que vous soyez fasciné par les gratte-ciel de la ville, désireux de vous plonger dans sa tapisserie culturelle ou simplement à la recherche de délices culinaires, Hong Kong témoigne de la coexistence harmonieuse de la tradition et de la modernité, ce qui en fait une destination attrayante pour les voyageurs exigeants.

Printed in France by Amazon
Brétigny-sur-Orge, FR

17588630R10107